Adler-
Grund
S
E
Oder-Bank
ERSCHE BUCHT
Funkenhagen
Persante
Campsche See
Ost-Deep
West-Deep
COLBERG
Kr.
Colberg
Gr. Jestin
Cörlin
Berg-Dievenow
Ost-Dievenow
West-Dievenow
WOLLIN
Horst
Hoff
Zirckwitz
Treptow
Cammin
Misdroy
Lebbin
Wollin
Dievenow
Großes
Haff
Neuwarp
Greifenberg
Rega
Stolzenberg
Klor-B.
Wietstock
Gülzow
Plathe
Regenwalde
Pribbernow
Piepenburg
Kr.
Regenwalde
Alt-Sarnow
Naugard
Stepenitz
Ziegenort
Sallmow
Stramehl
Labes
Jasenitz
Gollnow
Daber
Meesow
Ruhnow
Pölitz
Vogelsang
Ihna
Kannenbg.
Wothschwien-S.
Wangerin
Dammscher See
Massow
Zamzow
Enzig-S.
STETTIN
Alt-Damerow
Freienwalde
Kr.
Pommerensdf
Altdamm
Friedrichswalde
Tramphe
Marienfließ
Nörenberg
Caßhagen
Randow
STARGARD
Kr.
Saatzig
Podejuch
Pansin
Jakobshagen
Kl. Spiegel
Kolbatz
Oder
Greifenhagen
Madüe
Zachan
Ihna
Werben
Neuwedell
Dölitz
Arnswalde
Plöne
Weizacker
Fiddichow
Liebenow
Pyritz
Bahn
Nipperwiese

Kristine von Soden

»Ob die Möwen manchmal an mich denken?«

Kristine von Soden

»Ob die Möwen manchmal an mich denken?«

Die Vertreibung jüdischer Badegäste an der Ostsee

AvivA

Für

Irma, Mirjam und Sonja Sonnenschein

Inhalt

Vorwort

Strände sind die Schreibtafeln der Meere. Bei auflandigen Winden, zumal bei Sturm, werden mit jeder Welle seegrasgrüne Hieroglyphen und von Tanggirlanden umschlungene Texturen angespült, dazwischen federleichte Panzer von Strandkrabben und mit Seepocken besetzte Sandklaffmuschelschalen – Bruchstücke vergangenen Lebens, vom Salz durchlöchert, vom Sand geschliffen, vom Meerwasser gebleicht.

Während der Niederschrift meines Manuskriptes zum Buch *»Und draußen weht ein fremder Wind …« Über die Meere ins Exil* (2016, 2. Auflage 2020) habe ich in Arbeitspausen oft Strandwanderungen am Flutsaum von Ahrenshoop gemacht, in Gedanken bei den zahlreichen nach 1933 von den Nationalsozialisten Verfolgten, die einst ihre Sommerferien hier oder anderswo an der Ostsee verbrachten: George Grosz mit seiner Frau Eva und ihren beiden noch kleinen Jungs, Else Lasker-Schüler, Hannah Arendt, Mascha Kaléko, Dora Diamant. In Briefen mit tausend salzigen Meeresgrüßen, Tagebüchern, Prosastücken und Reisenotizen der später Emigrierten oder wie im Falle von Victor und Eva Klemperer unter schlimmsten Drangsalierungen in Deutschland Überlebenden finden sich verstreut Beschreibungen der Ostseelandschaft, etwa von den Inseln Hiddensee und Usedom, von der »Pommerschen Riviera«, aus dem mecklenburgischen Graal und Müritz und nicht zuletzt von der Bernsteinküste auf dem Samland. Oft genug teilt sich zwischen den Zeilen mit, wie sehr die jeweils gewählten Seebäder und stillen Rückzugsorte dem eigenen inneren Schutz dienten – fern der Großstadt mit ihren versteckten und unverhohlenen Anfeindungen, namentlich in Berlin, woher die meisten jüdischen Badegäste und politisch Gefährdeten anreisten.

All jene schriftlichen Zeugnisse, von denen sich ausgewählte Zitate durch das vorliegende Buch wie ein roter Faden ziehen, erzählen aus unterschiedlicher Zeit: Manche reichen in die Anfänge des Seebäderbetriebs zu Beginn der Wilhelminischen Ära zurück, andere entstanden in den Jahren des Ersten Weltkriegs, die meisten in der Epoche der Weimarer Republik. Von wenigen Schwankungen abgesehen, wuchs die Gästezahl an der Ostsee rasant von Saison zu Saison. Allein zwischen 1880 und 1912 stieg sie von 20 000 auf 460 000, bald auf weit über eine halbe Million. Was keine Statistik erfasste: die gleichzeitige Zunahme antisemitischer Verunglimpfungen auf Strandpromenaden und Übergriffe am Strand. Vor diesem Hintergrund brachten jüdische Zeitungen zur Warnung bereits im Kaiserreich vor jeder Sommersaison aktualisierte »Bäderlisten« mit Orten an der Ostsee (und nicht nur dort) heraus, wo man keinen Wert auf jüdischen Besuch legte und sich in Abgrenzung zu den »Judenbädern«, etwa dem eleganten Heringsdorf, betont »deutsch« und »christlich« gab.

Bis heute ist wenig über diesen Ausschnitt des Seebäderalltags bekannt. Nach vereinzelt vorliegenden wissenschaftlichen Studien gilt gleichwohl als erwiesen, dass in den Bädern an der Ostsee (wie auch an der Nordsee) vorweggenommen wird, was die nationalsozialistische Vernichtungspolitik für ihren gesamten Machtbereich vorsah und schließlich durchgesetzt hat. »Judenrein!« lautete an den deutschen Küsten die Parole, lange bevor der SS-Staat Wirklichkeit geworden war.

Den Aufstieg der Seebäder begleitete eine Fülle an Publikationen zu den Naturschönheiten der Ostsee, zur staubfreien ozonhaltigen Seeluft, dem belebend wirkenden irisierenden Licht und zu den Heilkräften des Meereswassers. Mit Fotos illustrierte Ostseereiseführer und im Prägedruck kunstvoll aufgemachte Bäderbroschüren erschienen auf dem Markt, ab

1925 gab der ein Vierteljahrhundert zuvor gegründete Verband Deutscher Ostseebäder e.V. eine eigene Ostsee-Zeitschrift heraus, zudem druckten führende Zeitungen wie das *Berliner Tageblatt* eigene Bäderseiten, während der Sommerferien inklusive Ostsee-Wetterbericht.

Erwähnenswert auch das *Reisehandbuch des Deutschen Offiziers-Vereins.* Mit über zweihundertfünfzig Seiten kam es alljährlich auf den Markt, »enthaltend Vergünstigungen« für die Mitglieder des 1884 gegründeten Vereins »sowie andere wichtige Hinweise«, darunter Beschreibungen von »gutbürgerlichen« Hotels und Pensionen oder solchen »1. Ranges«, die – ohne dies explizit auszudrücken – keine jüdischen Gäste aufnahmen.

Einen nicht unbeträchtlichen Teil dieser umfangreichen und überwiegend in Vergessenheit geratenen Literatur habe ich systematisch gesichtet und ausgewertet, um die jeweiligen Badeorte und Küstenstriche in ihrem historischen Kontext anschaulich darstellen zu können und dabei zu vermitteln: Die Vertreibung jüdischer Badegäste an der Ostsee war weitaus mehr als ein gewaltsames Hinausdrängen aus einer beliebten Ferienregion. Für die Betroffenen war es eine Vertreibung aus ihrem Paradies. Davon zeugen mannigfaltige Erinnerungen. Das meiste indes blieb ungeschrieben.

Was weiß das Meer?

Dass es durchaus Quartiere gab, die jüdische Badegäste weiterhin auch nach 1933 aufnahmen, belegen private Korrespondenzen, von denen kaum noch Beispiele zu finden sind. Aus Kühlungsborn wird ein solches vorgestellt. Schreiben umgekehrt von Gästen, auch nicht-jüdischen, an die Badeverwaltung etwa von Zinnowitz zeigen Beklommenheit und Empörung angesichts der dortigen antisemitischen Vulgarität.

*

Das Buch ist wie eine historische Reise an die Ostsee angelegt, ausgehend von den Bädern im Osten (sie sind die ältesten) zu denen Richtung Westen. Dabei werden in jedem Kapitel besondere Aspekte aus dem Arsenal der Bedrohungen jüdischer Badegäste in den Mittelpunkt gerückt, die der Chronologie der Seebädergeschichte folgen und immer wieder andere Facetten auf dem Weg zum »stein- und judenfreien Strand« beleuchten.

In ihren unentwegt neu ausgebreiteten Schaumschleppen führen die anrollenden Meereswellen manches »Angespül«, so eine Bezeichnung 1905 für Strandgut, nochmals und nochmals mit sich – als würden sie auf Unerkanntes aufmerksam machen wollen. Von diesem Wechselspiel ließ ich mich für meine Textgestaltung inspirieren.

*

Die dänische Schauspielerin Asta Nielsen besaß in Vitte auf Hiddensee ein kreisrundes kleines Domizil im Bauhausstil, ihr *Karusel* (benannt nach der eigenwilligen Bauform). Mit dem Aufmarsch von Hakenkreuzflaggen auf der Insel packte sie ihre Sachen und kehrte nie wieder zurück. Jüdischer Herkunft war die Stummfilm-Diva nicht, aber sie pflegte einen breiten jüdischen Freundeskreis. 1945 fragt sich die »schweigende Muse« in ihren autobiografischen Aufzeichnungen: »Ob die Möwen in Vitte manchmal an mich denken?«

Möge die Lektüre dieses Buches dazu anregen, am Strand angespülte Hieroglyphen und Texturen neu zu entziffern oder sie überhaupt erst einmal wahrzunehmen – wie die ewige Meeresmelodie.

Die Bernsteinküste auf dem Samland

Die See, die See!

Ostseereisen im Wilhelminischen Deutschland

Stranddörfer werden sie in alten Chroniken genannt, die kleinen Flecken an der Bernsteinküste im abgeschiedenen Samland weit oberhalb der Danziger Bucht zwischen Frischer Nehrung und Frischem Haff sowie auf der Höhe von Cranz der Kurischen Nehrung und dem Kurischen Haff. Denn bevor sich der Seebäderbetrieb wie in vielen Orten an der Ostsee mit Kurhäusern und Seebrücken, Musikmuscheln und Strandpromenaden entwickelte, lebten die Küstenbewohner hier hauptsächlich vom Bernsteinfischen und der Seefischerei aus Dorsch und Flunder, Sprotte, Lachs und Aal. Ein willkommenes Zubrot bringen Ausflügler und Sommerbadegäste. Die meisten stammen aus Königsberg und genießen die Einfachheit der Quartiere. Tisch und Bett in weiß gekalkten, oft winzigen Stuben genügen.

Seit alters her galt das für seine Bernsteinschätze berühmte Samland mit seiner eigentümlichen, von der Eiszeit gezeichneten Silhouette, die einem Meereswesen mit zwei ausgestreckten seenadeldünnen Fühlern gleicht, als das »gelobte Land ostpreußischer Naturschönheit«. Historische Wanderführer, landeskundliche Monografien und Reiseberichte übertrumpfen sich in schwärmerischen Beschreibungen beispielsweise von Brüsterort, dem bei Sturm und heftigen Böen umtosten samländischen Nordkap, wo sich die Steilküste (nicht aus Granit und Kreide wie auf Rügen, sondern aus Sand, Ton und Geschiebemergel) im rechten Winkel nach Osten wendet und an ihrer höchsten Stelle, durchfurcht von wilden Schluchten, über sechzig Meter beträgt. Kulissenartig ragen an vielen Stellen Landspitzen in die meergrüne Unendlichkeit hinaus und bilden am Fuße der Anhöhen, den »Seebergen«, geschützte Buchten. In einer solchen lag auch der Strand des Dorfes Rauschen, was die heimatliche Lyrik in allen Tonarten beflügelt hat: »Willst Du die Kühnheit der formenden Küste belauschen, / Zieh in das herrlich zerklüftete Ufer von Rauschen!«

Öffentliche Verkehrsmittel gibt es in dieser weltentrückten Gegend noch nicht, als die neunjährige Käthe Kollwitz 1876 mit ihren Eltern, Carl und Katharina Schmidt, geborene Rupp, und ihren Geschwistern, Conrad, Julie und Lisbeth, Kosename Lise, zum ersten Mal die Sommerferien in Rauschen verbringt, was sich Jahr für Jahr wiederholen wird. Über fünf Stunden ist die Familie von ihrer Königsberger Wohnung auf dem Weidendamm 9 (spätere Adressen sind die Königstraße und die Prinzenstraße) mit einem Kremser, geführt von einem kundigen Kutscher, durch einsame weitflächige Fluren bis an ihr Ziel unterwegs: »Die hinteren Sitzreihen waren herausgehoben, und es kam da herein, was man für viele Wochen brauchte: Bettsäcke, Wäsche, Körbe, Bücherkisten, Weinkisten«, notiert die Grafikerin, Malerin und Bildhauerin 1923 in einen Skizzenblock – Erinnerungen, die in verschiedenen Auswahlbänden über Käthe Kollwitz zu finden sind. 1989 bringt die Germanistin Jutta Bohnke-Kollwitz, eine der Zwillings-Enkelinnen der Künstlerin und damals Leiterin des Kollwitz-Museums Köln, jene Erinnerungen zusammen mit den erstmals ungekürzten und vollständigen Tagebüchern in einer kommentierten Edition heraus, ergänzt von einer Einführung, die das Wesen und Wirken ihrer Großmutter auf eine sehr persönliche Weise nahebringt. »Welche Wonne«, heißt es in der Passage über Rauschen weiter, wenn die Pferde endlich über das Kopfsteinpflaster der engen Königsberger Straßen und dann »quer durchs ganze Samland« trabten, bis »kurz vor Sassau« voller Aufregung die Ostsee in den Blick geriet. »Da standen wir alle auf Zehenspitzen und schrien: Die See, die See!«

Schon bald feiern die Ostseereisen im Wilhelminischen Deutschland ungeahnte Rekorde. Als entscheidender Motor wirkt dabei das sich ständig erweiternde Eisenbahnnetz. 1882 etwa wird der Strandbahnhof Travemünde eröffnet, 1894 folgen die Bahnhöfe Ahlbeck und Heringsdorf auf Usedom. Ab 1900 dampft die Samlandbahn von Königsberg zu den Seebädern an der Bernsteinküste. Schon eine Weile zuvor hatte die private Königsberg-Cranzer Eisenbahngesellschaft (KCE) täglich mehrfache Verbindungen zwischen der ostpreußischen Provinzhauptstadt und dem mittlerweile mondänen Seebad Cranz in Betrieb genommen, woraufhin das vereinte Werbemotto in alle Winde weht: »Zu den Möwen an die See – mit Samlandbahn und KCE«. Auch in Rauschen hält die Moderne Einzug. Um Dorfbewohnern wie Fremden den Fußweg vom Bahnhof zur Ostsee zu ersparen, wird 1906 eine Anschlussstrecke mit der Endstation Rauschen-Düne gebaut, bald darauf installiert man eine Drahtseilbahn von der Dünenkuppe zum Strand – als Alternative zum geschlängelten, von Sanddornbüschen gesäumten Sandpfad. Die Gästezahlen explodieren. Nach Angaben des Samlandforschers Oscar Schlicht registriert die örtliche Statistik im Jahr 1890 knappe vierhundert, 8.175 sind es 1909, über zehntausend 1912.

Um diese Zeit lebt Käthe Kollwitz mit ihrem Mann, dem 1863 im samländischen Rudau geborenen Arzt Karl Kollwitz, und den gemeinsamen Söhnen, Hans und Peter, schon lange in Berlin, Bezirk Prenzlauer Berg. Oft verlassen sie die lärmende Metropole, wo jetzt das Schlagwort »Tempo, Tempo!« den Takt im Alltag bestimmt, um beispielsweise Rucksacktouren auf die annähernd hundert Kilometer lange Kurische Nehrung mit Europas höchsten und mächtigsten Sanddünen, der »Sahara der Ostsee«, zu unternehmen. Im Juli 1911 erkunden sie vom pommerschen Prerow aus den Darßer Wald und die Künstlerkolonie Ahrenshoop, am liebsten aber verweilen sie in Rauschen, ihrem alten »Kinderparadies«, so Käthe Kollwitz in ihrer Rückschau: »Diese unaussprechliche Erhabenheit der Sonnenuntergänge von der hohen Küste aus! Dies Ergriffensein, wenn man zum ersten Mal sie wieder nah sah, den Seeberg runterrannte, Schuh und Strümpfe auszog und die Füße wieder das Gefühl des kühlen Seesandes hatten! Dieser metallische Schall der Wellen!«

*

Von Anbeginn zieht es auch jüdische Badegäste an den Strand, wohlhabende zumeist, denen es gelungen war, ins neue Besitzbürgertum aufzusteigen. Durch den tiefgreifenden Wandel von einem feudalen, agrarisch geprägten Land zu einer weltweit führenden Industrienation im Zuge der Reichsgründung 1871 ist Mobilität gefragt. Diese verkörpert auffallend stark die jüdische Minderheit, deren Anteil an der deutschen Gesamtbevölkerung etwas weniger als ein Prozent ausmacht: Mehr als andere ziehen jüdische Familien, Männer und Frauen, aus dem Dorf in die Stadt, schneller als andere finden selbst bescheidenste Existenzen unter ihnen in der orkanartig hereinbrechenden kapitalistischen Marktwirtschaft einen Platz. Gleichwohl fristen breite jüdische Schichten nach wie vor ein Dasein in Armut und Not.

Antisemitische Kreise unterschiedlichster Provenienz, darunter Anhänger der 1879 ausgerufenen Antisemiten-Liga, der 1891 gegründete Alldeutsche Verband und der Dresdner

Auf der Kurischen Nehrung

Verlag Glöß, dessen großformatige *Politische Bilderbogen* Spottszenen über das Judentum als Wandschmuck in Wirtshäusern und Buchhandlungen unters Volk bringen, verachten jüdische »Eindringlinge« und »Emporkömmlinge«, fühlen sich durch sie deklassiert und verdrängt, fürchten ihre Konkurrenz. In Teilen der Aristokratie und des preußischen Offizierskorps wie unter Beamten und Angehörigen des alten Mittelstandes wuchern Ressentiments speziell gegenüber jüdischen Bankiers und Börsianern. Dass der Keim zu alledem bereits in der Epoche der Romantik entsteht und bis zum Kaiserreich in zahllosen Verästelungen zu sprießen beginnt, stellt Eleonore Sterling, 1925 in der jüdischen Familie Oppenheim in Heidelberg geboren, in *Judenhaß. Die Anfänge des politischen Antisemitismus in Deutschland (1815-1850)*, grundlegend dar. 1955 erscheint das Standardwerk der Politikwissenschaftlerin, nachdem sie aus ihrem Exil in die USA, wohin sie sich als Dreizehnjährige zu Verwandten gerettet hatte, nach Deutschland zurückgekehrt war. Gedankliche Vorhaben zur jüdischen Vertreibung, wie sie nach 1933 in die Tat umgesetzt und in schärfster »rassenbiologischer« Zuspitzung aufgeladen werden, so Eleonore Sterling in ihrem Resümee, bleiben in der von ihr untersuchten Zeitspanne meist noch »verklausuliert« formuliert, »man betonte die Vernichtung des Judentums, nicht der Juden«. Das unterstreicht 1892 auch das *Brockhaus' Konversations-Lexikon* in seiner Definition des Begriffs Antisemitismus: »Bekämpfung der Eigentümlichkeiten des Judentums, namentlich Bezeichnung für die in neuester Zeit besonders in Deutschland, Rußland und Österreich-Ungarn, in schwächerem Maße auch in Frankreich hervortretende Bewegung, die sich die Zurückdrängung des jüdischen Einflusses auf wirtschaftlichem, gesellschaftlichem und geistigem Gebiete zum Ziele setzt.«

Unter Kaiser Wilhelm II. befindet sich die (in der damals geläufigen Terminologie) Judenheit, die sich mehrheitlich als deutsch versteht und patriotisch eingestellt ist, in einer zwiespältigen, nachgerade schizophrenen Situation: Einerseits erwartet man von den aus den Ghettos Emanzipierten, sich der christlichen deutschen Kultur anzupassen und ins wirtschaftliche Räderwerk einzufügen (wobei viele Zugangswege versperrt und rechtliche Beschränkungen bestehen bleiben). Andererseits reanimieren erfolgreiche jüdische Karrieren stereotype Vorurteile und schüren vielschichtigen Neid – eine gefährliche Mixtur, die wie Dynamit wirkt und in nicht allzu weiter Ferne ihr Zerstörungspotential entfalten sollte.

Als Spiegelbild dieser Verhältnisse tritt mit den jüdischen Badegästen an den deutschen Küsten auch der »Bäder-Antisemitismus« auf den Plan. So denkt die Badeverwaltung im holsteinischen Heiligenhafen nahe dem Fehmarn-Sund schon 1880 über erhöhte Kurtaxen für Juden nach. Und auf der ostfriesischen Insel Borkum schmettert wenig später die Kurkapelle jene Hymne, die auch für die Ostsee zum Paradebeispiel wird und deren letzte Strophe beschwört: »Es herrscht im grünen Inselland ein echter deutscher Sinn, / drum alle, die uns stammverwandt, zieh'n freudig zu dir hin. // An Borkums Strand nur Deutschtum gilt, nur deutsch ist das Panier. / Wir halten rein den Ehrenschild Germanias für und für! // Doch wer dir naht mit platten Füßen, mit Nasen krumm und Haaren kraus, / der soll nicht deinen Strand genießen, der muß hinaus! // Der muß hinaus! // Hinaus!«

Um jüdisches Publikum fernzuhalten, bezeichnen sich Hotels und Pensionen in Anzeigen zum Beispiel von Bäderprospekten und Bäderzeitungen als »deutsch« und »christlich«, andere heben hervor: »Empfohlen vom Deutschen Offizierverein«.

Brandung und Promenade – Ostseebad Cranz

Unterdessen werben jüdische Unterkünfte, die es in etlichen Seebädern (indes stets nur in geringer Zahl) gibt, vor allem in jüdischen Druckerzeugnissen und Hausbroschüren für ihre gutbürgerliche Qualität, werden die Häuser streng rituell geführt, geschieht die Anpreisung zusätzlich in hebräischen Buchstaben, etwa bei der Familien-Pension einer »Frau Dr. Papilsky« in Kolberg gegenüber dem Strandschloss, Parkstraße 3: »Bekannt gute Verpflegung, Wiener Küche«, annonciert die »gepr. Lehrerin für Höhere Schulen«, die ausdrücklich auch »Kinder ohne Begleitung« beherbergt und als Referenzen »Rabbinate von Posen etc.« nennt. Im Seebad Swinemünde auf Usedom firmiert die zur Badesaison 1905 eröffnete *Restauration und Pension Berolina* in »schönster Lage des Ortes, dicht am Strand« und stellt heraus: »Große Glasveranden. Komfortable Einrichtung. – Aufmerksame Bedienung. – Vorzügliche Küche. – Solide Preise. – Unter Aufsicht der Israelitischen Synagogengemeinde Adass Jisroel, Berlin.«

Viele jüdische Badegäste, vor allem aus dem zaristischen Russland, aber auch aus Polen und dem Baltikum, versammeln sich in Cranz, dem damals meistbesuchten ostpreußischen Seebad. Schon 1816 wegen seines außerordentlich kräftigen Wellenschlags zum Zwecke des »Seebadens« auserkoren, klettern die Übernachtungszahlen von ehemals zwei Dutzend auf über dreizehntausend 1909. In Nachbarschaft zum Kurhaus bekommt Cranz 1912 eine Synagoge. Wichtigste Unterstützerin und Geldgeberin dieses einzigen jüdischen Gotteshauses an der samländischen Ostseeküste ist die Königsberger Jüdische Gemeinde, die drittgrößte im Deutschen Reich nach Berlin und Breslau. Das Vorhandensein jener »Sommer-Synagoge« spricht sich auch unter den auswärtigen jüdischen Studierenden an der Albertina, der

Albertus-Universität Königsberg, herum, für manche ein Grund, nach Cranz zu fahren, zumal dort auch jüdische Sommerfeste und Vortragsabende über Palästina einladen, schildert die russische Historikerin und Ethnologin Olga Kurilo, Privatdozentin an der Europa-Universität Viadrina in Frankfurt an der Oder, in ihren Abhandlungen *Zoppot, Cranz, Rigascher Strand* (2011) und *Kulturlandschaft Samland* (2016).

Literarische Reminiszenzen an Sommerfrischen in Cranz sind rar, umso besonderer: jene von Max Fürst, Jahrgang 1905, aus der gleichnamigen Königsberger Kaufmannsfamilie, die neben den Silbersteins, Goldsteins, Sternfelds und vielen weiteren das deutsch-jüdische Bürgertum in der alten Kant-Stadt repräsentiert. »Fast wäre ich in Cranz geboren worden. Aber meine Mutter kehrte gerade noch rechtzeitig nach Königsberg zurück. Wir waren damals den ganzen Sommer über dort«, erzählt der Schriftsteller und einstige Tischler, der nach seiner KZ-Haft in Oranienburg 1935 nach Palästina emigriert, in seinem Buch *Gefilte Fisch. Eine Jugend in Königsberg* (1972). »Die Ostsee, meine Liebe, die große Weite. Was man in der Ebene beinahe hatte, den kreisrunden Horizont, das hatte man ganz auf dem Meer. Welle auf Welle, viele Stunden habe ich hingesehen, hohe Schaumkronen und die gerade ein wenig gerippte, blanke Scheibe, graue Nebel, ein ferner Dampfer, ein erwartetes Segel, das endlich auftauchte. Aber das kam erst später. Damals habe ich sicher noch nicht viel gesehen, nahm noch alles für gegeben. Aber wie sehr hat das unbewußte Aufnehmen meine Lebenswelt bestimmt, den Ausgangspunkt des Lebens festgelegt. Ich habe erfahren, wie gerade das vorbewußte Sehen, das unverstandene Hören prägt und die Straße ebnet, auf der man denkt und fühlt, einem das Rohmaterial gibt, aus dem das Leben zu

Seesteg und Kurhaus – Ostseebad Cranz

bauen ist. (...) Die See, ich weiß, wie wir in jedem Jahr wieder ans Wasser gestürmt sind, nicht um gleich zu baden, sondern um zu sehen: die endliche Unendlichkeit, die bewegte Monotonie. Laufen, bis man endlich wieder das Wasser vor sich hat, und die Sinne satt werden lassen, bis man ganz erfüllt ist und sich ruhig abwenden kann und das andere, das Ringsherum, wieder sehen und lieben kann. (...) Die Hauptstraße mit Andenkenläden, dann magere Sandkiefern und die Düne ein wenig ansteigend. Holzsteige bis zum Korso, dem Promenadenweg vor der See. Zwei Meter tiefer der Strand mit den bunten Strandkörben, an der anderen Seite entlang die Hotels für die vornehmen Leute, die Cafés, das Eisengitter zum Meer und weiße Bänke, alles etwas schwebend. Der Pavillon auf der zum Platz verbreiterten Strandpromenade, wo bei schönem Wetter eine Kapelle spielte. Der Seesteg, auf dem man weit hinaus ins Meer gehen konnte, wo die Segelboote für Vergnügungsfahrten landeten. Und rechts, wo die Promenade endete, die Badeanstalten. (...) Und wirklich stürzten die Wellen manchmal weit über den Promenadenweg, trotz der Wellenbrecher, den Buhnen, die zwischen eingerammten Pfählen in die See hineingebaut waren. (...) Mit meinem Vater gingen wir den Weg am Fuße der Düne entlang. Es war die Poststraße, die nur die Postwagen befahren durften, weil sie ›auf Sand gebaut‹ war. Hinter Cranz führte er durch einen Sumpfwald, einen Märchenwald mit Kiefern, Erlen, Birken, Farnen und Blaubeergestrüpp. (...) Bunte Schmetterlinge standen auf roten, blauen, gelben, lila Blüten; Eidechsen, Ringelnattern und Kreuzottern kreuzten den Weg. Eine schmale Schneise führte rechts zum Haff hinunter, bis der Wald am Schilf des Haffs endete. (...) Cranz, unser Paradies bis 1914.«

*

Unter Mitwirkung des Kaiserlichen Gesundheitsamtes in der Berliner Klopstockstraße bringt ein wissenschaftliches Team aus Badeärzten und Balneologen, Chemikern, Physikern, Pharmakologen sowie Spezialisten für Sol- und Mineralquellen 1907 ein über fünfhundertdreißig Seiten umfassendes *Deutsches Bäderbuch* heraus, konzipiert als Nachschlagewerk für die interessierte Öffentlichkeit. Das in Leinen gebundene Kompendium in Preußischblau listet achtundachtzig Ostseebäder auf (neben jenen der Nordsee und den Bädern im Binnenland), alphabetisch geordnet von A wie Aarösund am Kleinen Belt (ab 1920 dänisch) bis Z wie Zoppot in der westpreußischen Provinz. Jedes Bad wird zunächst mit seiner Einwohnerzahl und geografischen Lage sowie seinem Klima vorgestellt. Zum Beispiel Henkenhagen: »Dorf mit 1.021 Einwohnern in der Provinz Pommern. Station der Bahn Kolberg-Köslin, von Kolberg 13 km entfernt, liegt unmittelbar an dem breiten, von SW nach NO gerichteten Sandstrand, auf hoher bewachsener Düne. Im O Wanderdünen und gemischter Wald. Klima: Vgl. Kolberg.« Unter »Allgemeine Einrichtungen« wird in einem zweiten Punkt über die Trinkwasserversorgung und die keineswegs überall vorhandene »Beseitigung der Abfallstoffe durch Abfuhr« informiert. Ferner, ob es ein Krankenhaus, Kinderheilanstalten und eine Apotheke gibt und wo man Auskünfte erhält, meist in der Badedirektion oder Badeverwaltung. Drittens: die »Kurmittel«. Dazu zählen neben einer Variation aus Seewasser-Warmbädern, Kohlensäure-Bädern, Kreidebädern, Seetangextrakt-Bädern und elektrischen Lichtbädern in erster Linie die hufeisenförmig angelegten »Seebadeanstalten«, streng unterteilt in Herrenbad, Damenbad und Familienbad mit je eigenen Umkleidekabinen, den »Zellen«. Herausragende Namen wie das ursprünglich vor allem von Fischern, Schiffern und Lotsen bewohnte Warnemünde, dessen Wahrzeichen der 1898 in Betrieb genommene Leuchtturm an der Westmole ist, warten mit bis zu dreihundert Zellen auf, andere haben lediglich fünfundvierzig oder fünfzehn oder noch weniger, etwa das verträumte Haffkrug unweit Scharbeutz in der Lübecker Bucht. Dass die Innenwände der Zellen alarmierend häufig mit Schmähungen und Schmierereien verunstaltet werden, die sich gegen die Anwesenheit jüdischer Badegäste richten, verbreiten Zeitungen der jüdischen Presse, aber auch liberal gesinnte Blätter wie das *Leipziger Tageblatt* schon vor der Jahrhundertwende unter der Überschrift »Zellen-Antisemitismus«, angelehnt an den »Bäder-Antisemitismus«. Beide Phänomene entwickeln sich zu Dauerthemen, wie sich in Kürze zeigen wird.

*

Während die Bäder-Fachwelt auf Tagungen und Kongressen darüber debattiert, wo die Trennungslinien zwischen einem Seebad, einem Kurbad, Luftkurorten und Sommerfrischen zu ziehen sind und wie sich eine vergleichende statistische Erfassung des Fremdenverkehrs umsetzen lässt, schwimmen im Millionenmeer der seit 1885 von der Deutschen Reichspost zugelassenen Bildpostkarten mit kolorierten Seebrücken und fröhlichem Strandkorbidyll auch Botschaften mit bösartigen Karikaturen: korpulente »Koschere Meernixen« in peinlich engen, geringelten Badeanzügen, »zerlumpte«, auf Bänken in Kuranlagen schlafende »Ostjuden« oder in Zeichentrickmanier gestrichelte Fußtritte, untermalt mit »Juden unerwünscht!«, die ebensolche im hohen Bogen aus Gasthäusern und Hotels auf die Straße werfen. Ein anderes Motiv: »Auch Aegir ruft in edlem Zorne …« und erschreckt mit fuchtelnder Geste eine jüdische Kinderschar am Strand – den Namen des aus der nordischen Mythologie herrührenden Meeresriesen trägt in Bansin ein Hotel, das nur christlichen Gästen offensteht. Der Judenhass entlädt sich auch auf Strandpromenaden, was sich auf weiteren Bildpostkarten niederschlägt: vor einem Strandhotel ein eingehaktes älteres jüdisches Paar, er, spindeldürr, Typ »Parvenü« mit dicker Zigarre, sie, matronenhaft, an jedem Finger einen Ring und auf dem Kopf einen ausladenden Hut mit Blumengesteck.

Flanieren unter schattenspendenden Bäumen, Sehen und Gesehenwerden, ist nie eine nur private Angelegenheit, sondern stets auch zur Schau getragenes Sozialprestige. Wie auf einer Bühne spielt sich das Badeleben ab, einschließlich Kuren (wer das nötige Kleingeld dazu hat) und Kurschatten (wer »ohne« nicht kann oder nicht allein sein mag). Benimmbücher, die damals Hochkonjunktur haben, greifen dieses Thema auf, zum Beispiel *Der gute Ton in allen Lebenslagen* (1881). Unter dem Stichwort »Badeleben« wird da etwa ausgeführt, dass dieses mehr als jedes andere öffentliche Treiben »dem äußeren Scheine unterworfen« sei. Für Gäste, die im geselligen Stelldichein lediglich Zerstreuung suchten, um ihrer »tödlichen Langeweile« zu entfliehen, kein Problem. Brenzlig könne es hingegen bei Annäherungsversuchen werden: »Der Schein begegnet dem Schein, und das berüchtigte Wort von den betrogenen Betrügern wird zur Wahrheit.« Wichtigste Regel des Badelebens daher: Vorsicht! »Doppelte Vorsicht in ihrem Thun und Reden« wird weiblichen Alleinreisenden ans Herz gelegt, kämen sie doch »weit schneller in der Leute Mund als daheim. (…) Schon die Aufmerksamkeiten, welche sie sich von bestimmten Herren, die sie erst im

Strandwanderinnen

Bade kennen lernten, erweisen lassen, gibt Veranlassung zu allerlei Bemerkungen. Zufälligkeiten werden zur Absicht gestempelt. Und ist die Verleumdung erst einmal erwacht, wächst sie riesengroß. Einfache Begegnungen am Brunnen, auf der Promenade sind dann womöglich schon förmliche Vergehen gegen den guten Ton, einsame Spaziergänge werden zu Verbrechen u. s. w.«

In eine ähnliche Richtung, wenngleich mit anderem Hintergrund, zielen Ratschläge für reisende Jüdinnen »ohne schützende Begleitung eines männlichen Gefährten« von Henny Henschel vom Hain am 5. August 1909 im *Israelitischen Familienblatt* auf der Seite »Für unsere Frauen«. Zunächst empfiehlt die Autorin (über deren jüdische Herkunft und publizistisches Schaffen bislang nur Fragmentarisches gefunden worden ist), sich vor der Reise ausführlich über »Lebensbräuche und örtliche Eigenarten« zu erkundigen. Falsche Bescheidenheit sei nirgendwo am Platz, noch weniger allerdings affektiertes Auftreten und überzogenes Selbstbewusstsein. Ein weiterer Rat: sich durch nichts und niemanden einschüchtern lassen, »nötigenfalls ein festes Nein« aussprechen und »die für vereinbarte Preise auch vereinbarte Gegenleistung höflich, aber bestimmt« einfordern. Unbedingt dürften, ja, sollten die selbst vom »imponierend gewandtesten Kellner« herausgegebenen Münzen nachgezählt und im Falle eines Irrtums reklamiert werden. Hinsichtlich männlicher Reisebekanntschaften, »oft die Quelle erbitternder Unannehmlichkeiten«, schlägt Henny Henschel vom Hain besonnenes Abwarten vor. Äußere ein Badegast von sich aus den Wunsch etwa nach einem gemeinsamen Strandspaziergang oder Ausflug in den Küstenwald, könne der Auserwählten »eine Zurückweisung voreingenommener Antisemiten nie zu Teil werden«. Klug sei, eine »flüchtig erwiesene

Höflichkeit« nicht vorschnell als Zeichen ernsthaften Interesses zu interpretieren. Zu guter Letzt: mit allen, ob glaubhaften Verehrern oder undurchsichtigen Buhlern, »nur Unterhaltungsstoffe behandeln, die keinen politischen, gesellschaftlichen oder religiösen Zündstoff« in sich bergen.

*

Inmitten der Hochsaison, am 1. August 1914, leeren sich die Strandkörbe an den Stränden der deutschen Ostseeküste mit einem Schlag. An Hotels und Pensionen werden Tafeln mit der Aufschrift »Zimmer frei« angebracht. Das Barometer zeigt »Kaiserwetter« an. Für die meisten Badegäste indes ist der Sommer nach der proklamierten Mobilmachung vorbei. »Der Tod setzte den Helm auf. Der Krieg griff zur Fackel. Die apokalyptischen Reiter holten ihre Pferde aus dem Stall. Und das Schicksal trat mit dem Stiefel in den Ameisenhaufen Europa.« Bilder von Erich Kästner über seine Eindrücke damals an der Ostsee in seinem autobiografischen Kinderbuch *Als ich ein kleiner Junge war* (1957). Kästners Tante Lisa hatte für seine Mutter Ida, seine Kusine Dora und ihn das mecklenburgische Seebad Müritz zur Erholung ausgesucht – ein kaum fassbares »Ferienglück« für den Fünfzehnjährigen. Hals über Kopf brechen sie ihren Aufenthalt ab, um durch die Rostocker Heide eilig nach Rostock zu gelangen. »Alle wollten nach Hause. Es gab kein Halten. (…) Mit Sack und Pack und Kind und Kegel wälzte sich der Menschenstrom dahin. Wir flohen, als habe hinter uns ein Erdbeben stattgefunden. Und der Wald sah aus wie ein grüner Bahnsteig, auf dem sich Tausende stießen und drängten. Nur fort! Der Zug war überfüllt. Alle Züge waren überfüllt. Berlin glich einem Hexenkessel. (…) Der Mobilmachungsbefehl und die neuesten Meldungen klebten an jeder Hausecke, und jeder sprach mit jedem. Der Ameisenhaufen war in wildem Aufruhr, und die Polizei regelte ihn. Der Weltkrieg hatte begonnen, und meine Kindheit war zu Ende.«

Abrupt zu Ende ist am 1. August 1914 auch für den Verband Deutscher Ostseebäder e.V. die so vielversprechend angelaufene Sommersaison. Entsprechend heißt es im *Bericht über das XV. Geschäftsjahr*, dass der Gesamtbesuch der mittlerweile zweiundneunzig Ostseebäder »nur die Höhe von 362.513 Badegästen gegen 459.765 im Vorjahre« erreichte, die Bäder also »einen Ausfall von 97.252 Besuchern« verzeichnen. Die härtesten Rückgänge betreffen mit einem Minus von über 12 000 das Seebad Swinemünde sowie mit jeweils um die 6 500 Misdroy auf der Insel Wollin sowie die Rügenschen Bäder Saßnitz und Binz. Ein Plus hingegen meldet Zoppot. Das Seebad (mit über 18 000 Einwohnern bald siebenmal so groß wie Cranz), empfiehlt sich schon 1910 im *Zoppoter Illustrierten Führer* mit dem Prädikat, »zu den schönsten Seebädern der Welt« zu zählen. Internationales Badepublikum schätzt das glamouröse Flair – Gäste aus der Habsburger Doppelmonarchie Österreich-Ungarn, aus der Schweiz, den Niederlanden, Portugal, sogar aus den USA. Jüdische Badegäste besuchen traditionell aus dem nahen Danzig den Zoppoter Strand. »Strenggläubige, die auf koschere Speisen Wert legen«, so Olga Kurilo in ihren Seebäderuntersuchungen, finden geeignete Unterkünfte in den »jüdischen Pensionen Sandelowitz und Phillipsohn in der Südstraße«. Am 18. Mai 1906 inseriert ein »H. Joseph« (neben den beiden jüdischen Pensionen in Kolberg und Swinemünde) in der *Jüdischen Rundschau*, dem 1902 gegründete Organ der 1897 ins Leben gerufenen Zionistischen Vereinigung für Deutschland (ZVfD): »Streng rituell. Neu eröffnet, Ostseebad Zoppot, Eisenhardtstraße 17. Vornehmes feinstes Pensionat und Mittagstisch, vorzügliche Küche, elegant eingerichtete Zimmer unter Ref. Verein z. Förd. rit. Speisehäuser Hamburg.« Die Abkürzung bezieht sich auf den um die Jahrhundertwende gegründeten Verein zur Förderung ritueller Speisehäuser e.V., der seinen Sitz in Hamburg, Börsenhof 27, hat. Alljährlich werden in einer Broschüre Restaurantadressen veröffentlicht (auch aus europäischen Nachbarländern und Palästina mitsamt Schiff-fahrtsverbindungen), die das Vorhandensein von jeweils zwei Küchen garantieren: einer für milchige und einer für fleischige Speisen. Die jüdischen Speisegesetze verbieten den gleichzeitigen Verzehr von Milch und Fleisch. Verpflichtend ist zudem ein spezielles Gefäß zum rituellen Händewaschen.

1913 legt die Jüdische Gemeinde Zoppot einen jüdischen Friedhof an, zeitgleich wird mit der Errichtung einer Synagoge in der Roonstraße begonnen. Im Frühling 1914 findet ihre feierliche Einweihung statt.

*

Acht Wochen nach Kriegsausbruch, am 30. September 1914, hält Käthe Kollwitz in ihrem Tagebuch fest: »Kaltes wolkiges Herbstwetter. Diese nüchterne Stimmung, wenn man weiß, es ist Krieg, aber es glückt einem nicht, sich in eine Illusion zu schwingen. Nur das Furchtbare des Zustandes, an den man sich fast gewöhnt, ist gegenwärtig. In solchen Zeiten kommt es einem so blödsinnig vor, daß die Jungen in den Krieg gehen. Das Ganze nur so wüst und hirnverbrannt.«

Peter, ihr jüngerer Sohn, meldete sich als Freiwilliger. In der Nacht vom 22. auf den 23. Oktober 1914 wird der Achtzehnjährige bei Dixmuiden in Flandern fallen.

Kurhaus und Seesteg – Ostseebad Zoppot

*

Zigtausende Seeminen in der Ostsee, ausgelegt von den feindlichen Seestreitkräften beider Mächte, der Kaiserlichen Marine Deutschlands und der Baltischen Flotte des russischen Zarenreichs. Schlachtschiffe, Kreuzer und Torpedoboote in Dienst gestellt.

Seekrieg!

Wehrt Euch!

Erste Warnlisten zu antisemitischen Bädern

Badeärzte und Bademeister, neben Strandkorbvermietern und Strandfotografen die neuen tonangebenden Professionen in den deutschen Küstenbädern, versorgen ihre urlaubende Kundschaft mit Gesundheitsratschlägen zum »Kaltbad« im offenen Meer sowie zum »Gebrauch von Sonnen- und Luftbädern« – Standardbegriffe aus dem Strand-ABC. Gilt es doch vieles zu beachten, damit aus einer Ostseereise eine wirkungsvolle Erholung wird. In diesem Sinne gibt *Der Begleiter am Ostseestrande* (1913), herausgegeben vom Verband Deutscher Ostseebäder e.V., kund: »Es kommt nicht darauf an, in einem gegebenen Zeitraum möglichst oft zu baden, sondern den Körper so vorzubereiten, daß er das einzelne Bad richtig verarbeiten kann. Ruhe des Gemüts und körperliche Spannkraft und Lustgefühl ist eine Vorbedingung für guten Erfolg. Man bade deshalb nicht in ermüdetem Zustand, z. B. am Tage nach der Ankunft von einer anstrengenden Reise, auch nicht bei körperlichem Unbehagen oder nach starker Aufregung. Zweimal am Tage zu baden, ist zu widerraten. Auch Gesunde sollten einen Tag in der Woche aussetzen. Ängstliche Kinder zwinge man nicht gewaltsam zum Baden, weil ein in Aufregung und Furcht verbrachtes Bad nicht heilsam ist.« Zu Bädern unter der Sonne und an der frischen Luft meint der Ostseebegleiter sodann: »Wegen der an der See starken Sonnenstrahlung dauere das erste Bad nicht länger als 20 Minuten, die weiteren nicht länger als 45 Minuten. Man lege sich, etwa alle fünf Minuten die Lage wechselnd, auf den Rücken, den Leib und die Seite.« Luftentwöhnten würden ausgedehnte Luftbäder zu Beginn ihres Ostseeaufenthaltes oft nicht bekommen, ratsam sei daher ein wohldosiertes Akklimatisieren, gegebenenfalls vorab auch eine ärztliche Konsultation. So weit, so gut. Doch was bei seelischen Bedrängnissen tun, die alptraumartig im Seebad auftauchen, von diesem gar selbst ausgehen? Jüdische Badegäste werden vielerorts mit Beleidigungen konfrontiert, die einer erfolgreichen Erholung entgegenwirken. Schon allein der Hinweis etlicher Quartiere auf den Ausschluss jüdischer Gäste dämpft jede Heiterkeit und Ferienlust. Manch eine Einkehr rühmt sich damit, dass Gläser für Getränke mit Etiketten »Nur für Juden« beklebt sind. Nicht wenige erlauben ihnen überhaupt keinen Zutritt oder verderben ihnen den Appetit, indem man zu Tisch im Speisesaal unter ihren Servietten Zwiebeln versteckt. Derlei nicht nur an der Ostsee anzutreffende »Ungeheuerlichkeiten« nimmt die seit 1890 im Berliner Verlag Rudolf Mosse und ursprünglich in Leipzig erscheinende *Allgemeine Zeitung des Judentums* wiederholt zum Anlass, vor antisemitischen Auswüchsen zu warnen. Pointierter denn je geschieht dies am 29. Juli 1904 im Leitartikel »Antisemitische Bäder und Sommerfrischen«, dessen Kernaussage wie ein psychopathologischer Befund klingt:

»Es mag sein, daß die Direktion eines einer Privatgesellschaft gehörenden Badeorts berechtigt ist, Juden direkt oder indirekt von dem Besuch dieses Ortes fernzuhalten. Da wir Freizügigkeit haben, wird ein direktes Verbot wohl nur in den seltensten Fällen angängig sein. Aber die Antisemiten wissen sich zu helfen. Sie beschmieren die Badezellen, die Tische und Wände mit so gemeinen Bildern, Worten, antisemitischen Sinnsprüchen, daß nicht nur Juden, sondern allen anständigen Menschen der Aufenthalt verleidet wird. (…) Es ist nicht selten vorgekommen, daß Christen, ja sogar Antisemiten wegen ihrer schwarzen Haare, wegen ihrer vermeintlichen Judennase, die aber gar keine Judennase ist und nach einer in New Yorker Hospitälern angenommenen Statistik bei Nichtjuden häufiger vorkommt als bei Juden, wegen ihrer vermeintlich jüdischen Physiognomie, mit der aber viele Ausländer, so Franzosen, Italiener, Spanier behaftet sind, wegen ihres vermeintlich jüdischen Namens, obwohl es auch sogar sehr hochstehende christliche Träger der Namen Simon, Blumenthal, Rosenberg etc. gibt, für Juden gehalten und danach behandelt, d.h. angerempelt, beleidigt und selbst durchgeprügelt worden sind. Es wird natürlich nicht jeder Christ seinen Taufschein und seiner Eltern, Großeltern und Urgroßeltern etc. arische Geburtsatteste mit ins Bad nehmen wollen und können (...). Aber wer sich selbst durch unzweifelhaft germanisches Aussehen, durch gänzlich christliche Vor- und Stammnamen, vielleicht sogar noch durch Stand und Beruf ganz sicher ist, wird auch noch vielleicht gut tun, Sommerfrischen zu vermeiden, in welchen er Gefahr laufen könnte, Zeuge von Radauszenen zu sein und als solcher in gerichtlichen Nachspielen figurieren zu müssen. Unbedingt meiden müßten solche Kurbäder Christen, die Jüdinnen zu Frauen haben oder Christinnen, die mit Juden verheiratet sind. Denn die gerade könnten etwas besonders Schönes erleben; es sei denn, daß sie aus Rücksicht auf die Herren Antisemiten für die Dauer der Kur eine Scheidung belieben, die freilich nicht wenigen Patienten während einer Kur besonders unangenehm sein dürfte (...). Jedenfalls aber werden Juden gut tun, ehe sie ihren Sommeraufenthalt irgendwo nehmen, nicht nur den Arzt, das Kursbuch und den Baedeker zu konsultieren, sondern auch sich sorgfältig zu erkundigen, wo die antisemitisch infizierten Bäder und Sommerfrischen liegen und welche Hotels und Pensionen jüdische Gäste nicht aufnehmen. Freilich verbieten manchmal Gesundheits- und zuweilen auch Geldrücksichten, allzu wählerisch und zimperlich zu sein. Muß ein Jude, der auf Rügen wohnt, wo verschiedene Badeorte als antisemitisch verrufen sind, ein Seebad in der Ferne aufsuchen, obwohl ihm seine Vermögensverhältnisse Sparsamkeit zur Pflicht machen? Man denke, das ostpreußische Seebad Cranz und das westpreußische Zoppot wären antisemitisch, dann müßten Juden in Ostpreußen eine weite Reise unternehmen, um nicht mit den Antisemiten in Kollision zu kommen; oder hätte nicht die Polizei die Pflicht, in Badeorten besonders streng auf eine Art Gottesfrieden während der Badezeit zu halten? (…) Wir schämen uns der Antisemiten, aber der antisemitischen Sommerfrischen könnten sich selbst die Antisemiten schämen, so gering der ihnen gebliebene Rest von Schamgefühl auch sein mag. Bis es aber anders geworden ist, meide jeder Jude diese antisemitischen Badenester.«

*

Um die Namen jener »Badenester« publik zu machen, werden Listen zusammengestellt, die sich hauptsächlich auf Aussagen jüdischer Badegäste stützen, aber auch auf Selbstauskünfte von Hotels und Pensionen sowie Badeverwaltungen vor Ort. In vorderster Front agiert hier der 1893 in Berlin gegründete Central-Verein deutscher Staatsbürger jüdischen Glaubens (C.V.), der sich zunächst als eine reine Abwehr-Organisation versteht und zahlreiche Juristen zum Eintritt mobilisiert, die für einen Kampf gegen antisemitische Grenzüberschreitungen vor allem auf rechtlicher Ebene plädieren. Bis zum Ende der Weimarer Republik wächst der C.V. reichsweit zum mitgliederstärksten jüdischen Verband, was ihn in den Augen der NSDAP schon früh zu einem Feind macht. Im

Ostseegrußkarte um 1910

Juli 1895 erscheint die erste Ausgabe des vom Central-Verein entwickelten und redaktionell betreuten Monatsblatts *Im deutschen Reich*. Ein Jahr später ist darin im Juni einer Kurznotiz zu entnehmen, dass das Ostseebad Zinnowitz auf Usedom »jüdischen Besuch« entschieden ablehne, und im August wird erklärt: »Unliebsame Erfahrungen, welche verschiedene deutsche Staatsbürger jüdischen Glaubens an einzelnen Badeorten gemacht haben, dürften dazu dienen, bei der Wahl von Erholungsorten künftighin streng diejenigen zu meiden, welche vorzugsweise von entschiedenen Judengegnern besucht werden. Diese letzteren werden darin keine Boykottierung einzelner Orte, sondern nur eine ihnen erwünschte ›reinliche Scheidung‹ sehen, bei welcher die Juden nichts verlieren. (...) Die Ostseebäder Colberg, Stolpmünde und andere mehr bieten hinreichenden Ersatz für Saßnitz auf Rügen, wo ein antisemitisches Treiben geduldet wurde, über welches bittere Klagen geführt worden ist, auch für Heiligenhafen, wo die Badeverwaltung die Verscheuchung der Juden durch ausnahmsweise hohe Kurtaxen ausdrücklich ankündigte.« In weiteren Ausgaben, beispielsweise jener vom Juli 1900, werden Erholungsorte aufgeführt, »welche entweder keine jüdischen Besucher wünschen oder in welchen diese vor unfreundlicher Behandlung nicht sicher sind«, unter den Seebädern auf Rügen betrifft dies Sellin und Saßnitz, die Insel Vilm im Rügenschen Bodden, ferner Bansin und Zinnowitz, außerdem Zingst, Graal und Müritz. »Dazu kommt noch Bad Leba in Pommern, das unter den Ostseebädern das zu werden wünscht, was Borkum unter den Nordseebädern ist. In der ›Staatsbürger-Zeitung‹ wurde Leba deshalb bereits besungen. In dem schönen Gedicht kamen folgende charakteristische Strophen vor: Leba, Stadt am Ostseestrande, / Schönes Bad im Pommernlande, / Heil Dir, daß Du deutsch willst sein. //

›Unsre Lait‹ und koschre Räte, / Sie begaunern andre Städte, / Aber Du bist judenrein. // Nicht geduldet soll der Cohn sein. – / Glück und Wohlstand wird Dein Lohn sein, / Blühen wirst Du und gedeih'n. // Lebst Du nicht von Juden Gnaden, / Werden gern dort Deutsche baden. / Leba, bleibe judenrein! Diesem Wunsche kann man sich nur anschließen, da die Juden dabei sicher nichts verlieren und den Antisemiten in Leba denjenigen Wohlstand gönnen, der ihnen aus der Intoleranz erblühen wird.«

Wie in einem Branchenverzeichnis listet die *Jüdische Rundschau* unter der Rubrik »Antisemitische Bade-, Kur- und Erholungsorte« stets auch Hotels und Pensionen auf. Bezüglich der Ostsee zum Beispiel am 14. und 28. Juli 1905: »Bansin, Hotel Aegir (Necker & Naumann), Concordia (Naumann), Familien-Pension Strandhaus (Necker) nebst zugehörigen Villen, Pensionen und Gartenhaus. Binz, Villa Glückspilz, Villa Quisisana, Villa Seeblick, Potenbergs Hotel, Villa Sonnenschein. (...) Graal bei Ribnitz. Heiligenhafen. (...) Müritz. (...) Sellin. (...) Swinemünde, Beckers Strandhotel (Bes. Wwe. Becker), Villa Seeschloß (Bes. Geschwister Schnür), Villa Heiderose (Bes. F. Böttcher), Villa Hedwig (Pensionat und Logierhaus, Bes. Wwe. Hübner). (...) Travemünde, Villa Mia Mare, Kaiser-Allee. (...) Vilm, Insel im Rügenschen Bodden. (...) Zinnowitz.« Neu in jener Liste am 21. Mai 1907: »Warnemünde, Villa Seeblick«, und am 18. Juni 1909 in Bansin: »Villa Gertrud, Seewarte, Büchner u. Strandklause« sowie in Binz: »Restaurant Imperial, Besitz: Staub.«

Erlebnisse jüdischer Badegäste, abgefasst als Protokoll oder Brief, veröffentlicht das 1898 gegründete unabhängige *Israelitische Familienblatt* mit Sitz in Hamburg. Als Nachlese zur Sommersaison 1909 empört sich etwa ein Absender in der Ausgabe vom 2. September über die »besudelten« Badezellen selbst in »vornehmen« Seebädern, wo Decken und Wände »mit rüden sexuellen Zoten und Beschimpfungen der Juden« bekritzelt wären: »Auch die Aussichtspunkte der Badeorte werden von dieser antisemitischen ›Bäder-Literatur‹ heimgesucht. So lasen wir beispielsweise auf dem Aussichtsturm des Seebades Swinemünde kürzlich noch folgenden geschmackvollen poetischen Erguß eines antisemitischen Dichters: ›Herr, sende doch den Moses wieder, / Auf daß er seine Glaubensbrüder / Hinführe ins Gelobte Land. // Laß auch das Meer sich wieder teilen / Und laß die tiefen Wasser eilen, / Feststehn wie eine Felsenwand! // Und wenn dann in der Wasserrinne / Die ganze Judenschaft ist drinne / Dann mach, o Herr, die Klappe zu, / Und alle Völker haben Ruh! // Heil Dir, Germania.‹«

*

Wachsam sein und jede gemeldete Diffamierung archivieren. Nach dieser Maxime handelt der Central-Verein. Über allem steht die Losung »Wehrt Euch!« mit der Intention, in einem weiteren Schritt durch aktive »Gegenpropaganda« über das Judentum und seine Kultur aufzuklären, auch und gerade in den Seebädern, um Vorurteilen den Wind aus den Segeln zu nehmen. Unmittelbar nach der Vereinsgründung noch abwartend, schließen sich mehr und mehr deutsche Staatsbürger jüdischen Glaubens dem C.V. an, darüber hinaus kommen ganze jüdische Gemeinden als »korporative« Mitglieder hinzu, allein ihre Zahl beziffert sich bis 1903 auf über 90 000. Im Berliner Büro des Central-Vereins, Kronenstraße 22 nahe dem Gendarmenmarkt (anschließend in der Karlstraße, ebenfalls Hausnummer 22, in Köpenick) stapeln sich antisemitische Zeitungen, Bücher und Traktate. Die Lektüre teilt man sich im Vorstand untereinander auf. Bedeutsame Ergebnisse werden als Nachrichten *Im deutschen Reich* gebracht, angefangen von Boykottaktionen gegen jüdische Geschäfte über berufliche Benachteiligungen bis hin zu antisemitischen Aktionen in den Seebädern. »Wehrt Euch!« wird jenseits aller weltanschaulichen und religiösen Differenzen innerhalb der jüdischen Bevölkerung als notwendig und richtig anerkannt. Exemplarisch bekräftigt das ein Beitrag am 28. Mai 1903 im *Israelitischen Familienblatt*: »Das ›Wehrt Euch!‹, das gerade in unseren Tagen nicht eindringlich genug allen Juden zugerufen werden muß, kann bezüglich antisemitischer Badeorte nur in diesem Sinne verwirklicht werden«. Mit Argumenten der Vernunft sei der »mannigfachen Schwäche einzelner Badedirektionen« nicht beizukommen, würde doch die vergiftende Atmosphäre nahezu überall durch nichtjüdische Gäste erzeugt, Hotels und Pensionen reagierten lediglich darauf. Über Jahre bleibt das Thema aktuell. Das illustriert im *Familienblatt* eine Leserzuschrift am 5. August 1909: Das Wort Ferien beinhalte das Versprechen, »wie eine Erlösung« zu sein, »wie eine Zeit voller Poesie und Schönheit« als Kontrast zur »Nervosität«, der grassierenden »Krankheit« der Gegenwart: »Der Kampf ums Dasein wird von Jahr zu Jahr komplizierter und erfordert eine Anspannung aller Kräfte im Dienste des Berufes. Das verzehrt die Nerven mit aller Gewalt, und man muß wenigstens für kurze Zeit Rast machen, um seine Kräfte aufzufrischen und den Körper zu stärken. Gegen Nervosität gibt es nur ein Heilmittel: Natur, Natürlichkeit. Aber noch mehr als für den Körper sind die Ferien ein Bedürfnis für die Seele.« Dazu gehöre eine »besondere Bleibe«. Eine solche zu finden, sei wegen des »gegnerischen Milieus« in vielen Ferienorten schwer. Aber deshalb um Anerkennung kämpfen? »Wir sollten uns keine Mühe geben, in solche Kreise einzudringen, die uns nicht haben wollen. Wir erkaufen uns den Eintritt meistens nur durch den Verzicht auf unsere Individualität und müssen doch jeden Augenblick fürchten, daß wir nur geduldet, aber nicht geliebt werden. (…) Der Kampf gegen die antisemitischen Bäder mag in der Theorie als Verteidigung eines hohen Prinzips wohl berechtigt sein, praktisch aber ist er ohne allzu hohen Wert. Was ist denn damit gewonnen, wenn wirklich durchgesetzt wird, daß zwei oder drei Gastwirte in Borkum jüdische Gäste aufnehmen? Soll man jedem jüdischen Kurgast eine polizeiliche Begleitung mitgeben, um ihn vor Demütigungen zu schützen? (…) Wir Juden gehen aber nicht ins Bad, um Abwehrpolitik zu betreiben, sondern um Ruhe und Erholung zu suchen, und dafür sind die ganz oder halb antisemitischen Badeorte schlecht geeignet.«

*

Zum Auftakt in die Sommersaison 1910 startet die *Jüdische Rundschau* am 6. Mai mit einer neuen Anzeigenseite: »Bäder, Kurorte u. Hotels«. Hier werden jüdische und judenfreundliche Unterkünfte von der See bis in die Alpen vorgestellt, zwischen den Inseraten ein Davidstern, in dessen Mitte zu lesen steht: »In jedem Kurort wollen unsere Freunde in Cafés, Restaurants und Hotels, in denen sie verkehren, stets die ›Jüdische Rundschau‹ verlangen.« Gezielt appelliert die einflussreichste zionistische Zeitung, »Agitation in Badeorten« zu betreiben. Auch das bleibt über Jahre aktuell: »Wir dürfen wohl von einem jeden Zionisten, der in der Lage ist, eine Badereise zu unternehmen, erwarten, daß er sich für kurze Zeit in den Dienst unserer Agitation stellt«, konstatiert die *Rundschau* am 10. Mai 1912. Ergänzend heißt es unter der

Überschrift »Zionistische Kleinarbeit in den Bade- und Kurorten« am 30. Mai: »Wer in die Sommerfrische reist, der hat gemeinhin den Wunsch, möglichst viele der Sorgen und Gedanken, die ihn daheim beschäftigen, loszuwerden und mit der anders gearteten Umgebung auch andere Interessen, andere Gesprächsthemen und andere Ideengänge einzutauschen. Dieser Wunsch ist durchaus berechtigt, und wer ihn nicht bei sich zur Geltung zu bringen vermag, dem wird die Freude und der Nutzen seiner Erholungszeit arg verkürzt werden.« Nichtsdestotrotz könne von allen »zionistischen Badereisenden« verlangt werden, sich am Ferienort für die gemeinsame Bewegung einzusetzen. Am Strand, in Lokalen oder im Frühstücksraum einer privaten Herberge eigne sich »jeder Jude, jede Jüdin« für ein werbendes Gespräch. »Kurz gesagt: Wir bitten einen jeden von Ihnen, auf der Ferienreise mit besonderem Eifer für die Ausbreitung und materielle Kräftigung unserer Parteipresse tätig zu sein.« Würde eine empfehlenswerte Unterkunft im Anzeigenteil der *Rundschau* fehlen, sei es überdies wünschenswert, sich auch hier zu engagieren. »Mit Tarifen, Auskünften usw. stehen wir gern zur Verfügung.«

*

Der wichtigste praktische Wirkungsbereich des C.V. ist die eigene Rechtsschutzabteilung. In den täglichen Sprechstunden des Berliner Büros, die im Laufe der Jahre beträchtlich erweitert und personell aufgestockt werden, nehmen Fachjuristen Beschwerden entgegen und beraten jüdische Betroffene, die Strafrechtsverfahren erwirken oder Zivilklagen einleiten wollen, weil sie verleumdet oder geächtet wurden. Das gilt auch für Vorfälle in einem Ostseebad. Meist jedoch wei-

Hafeneinfahrt zum Ostseebad Neukuhren

sen Staatsanwälte jene Anliegen mangels öffentlichen Interesses ab. Bringt man Täter antisemitischer Sudeleien oder Handgreiflichkeiten doch vor den Kadi, lautet das Urteil in der Regel Freispruch. Wird eine Strafe verhängt, ist diese lächerlich gering.

*

Dass in der ausgehenden Wilhelminischen Ära schon jüdische Kinder lernen, sich mutig und entschieden gegen Verhöhnungen zu wehren, davon erzählt die philosophische Theoretikerin und politische Publizistin Hannah Arendt. Beide Großelternpaare, väterlicherseits die Arendts und mütterlicherseits die Cohns, sind im ostpreußischen Königsberg honorige jüdische Familien. 1906 in Linden bei Hannover zur Welt gekommen, zieht Hannah Arendt mit ihren Eltern, Max und Martha Arendt, geborene Cohn (berufsbedingt waren sie aus Königsberg weggezogen), als kaum Dreijährige in die ostpreußische Provinzhauptstadt zurück, ins wohlhabende Hufen-Viertel, Tiergartenstraße 6. Die Arendtschen Großeltern besitzen im Seebad Neukuhren unweit von Rauschen ein Sommerhaus, die Cohnschen in der Nähe von Cranz. Oft fährt Hannah Arendt, das »Sonnenkind«, mit ihrer Mutter in eines der beiden Strandquartiere. Für die Öffentlichkeit hält sie nichts dazu schriftlich fest, auch nicht zu ihren Ostseereisen während ihrer Studienjahre in Marburg, Freiburg im Breisgau und in Heidelberg. Ein mit 1925 datiertes Foto zeigt Hannah mit einer Gruppe jüdischer Freunde auf einer Wiese unter Birken in Rauschen. Ein kostbares Dokument. Denn zeitlebens ist Hannah Arendt bemüht, »eifrig alle biographischen Spuren zu verwischen«, wohl um ihre Privatsphäre zu schützen, vermutet ihre einstige Schülerin an der New School for Social Research in New York, Elisabeth Young-Bruehl, in ihrer Biografie *Hannah Arendt. Leben, Werk und Zeit* (1991). Eines verrät die streitbare Intellektuelle dann aber doch, und zwar am 28. Oktober 1964 in der legendären ZDF-Sendereihe »Zur Person«, wo sie ihrem Gesprächspartner und Erfinder jenes Interviewformats, dem späteren Chefredakteur des *Spiegel*, Günter Gaus, temperamentvoll gestikulierend und eine Zigarette nach der anderen rauchend in einem Studio gegenübersitzt: Durch antisemitische Beschimpfungen von Kindern auf der Straße habe sie »als etwas älteres Kind« erfahren, was in ihrer Familie nie ein Thema gewesen sei, nämlich »jüdisch« auszusehen: »Das heißt, dass ich anders aussehe als die anderen. Das war mir sehr bewusst. Aber nicht in der Form einer Minderwertigkeit, sondern das war eben so. (…) Meine Mutter war theoretisch nicht sehr veranlagt. (…) Und die Frage hat keine Rolle für sie gespielt. Sie war selbstverständlich Jüdin. Sie würde mich nie getauft haben! Ich nehme an, sie würde mich rechts und links geohrfeigt haben, wäre sie je dahinter gekommen, dass ich etwa verleugnet hätte, Jüdin zu sein! (…) Der Antisemitismus ist allen jüdischen Kindern begegnet. Und er hat die Seelen vieler Kinder vergiftet. Der Unterschied bei uns war, dass meine Mutter immer auf dem Standpunkt stand: Man darf sich nicht ducken! Man muss sich wehren! Wenn etwa von den Lehrern antisemitische Bemerkungen gemacht wurden, meistens gar nicht mit Bezug auf mich, sondern mit Bezug auf andere Schülerinnen, zum Beispiel ostjüdische Schülerinnen, dann war ich angewiesen von zu Hause, sofort aufzustehen, die Klasse zu verlassen, nach Hause zu kommen, alles genau zu Protokoll zu geben. Dann schrieb meine Mutter einen ihrer vielen eingeschriebenen Briefe. (…) Es gab Verhaltensmaßregeln, in denen ich sozusagen meine Würde behielt und geschützt war, absolut geschützt, zu Hause.« Eine bleibende Erfahrung, die zur Haltung der erwachsenen Hannah Arendt wird – bis in ihr Exil über Genf, Paris und Lissabon in New York: Man muss sich wehren!

*

Der von Kaiser Wilhelm II. in seiner Thronrede am 4. August 1914 beteuerte »Burgfrieden«, er kenne keine Parteien mehr, keine Stammesunterschiede, keine Konfessionsunterschiede, »ich kenne nur noch Deutsche«, entpuppt sich als Attrappe. Schon bald kippt die Stimmung, wird der Antisemitismus befeuert und sich selbst in Oasen einnisten, wo dies bislang unvorstellbar erschien.

1918 erklärt die Zeitung *Im deutschen Reich* in ihrer Dezembernummer: »Pogromluft weht in Deutschland!«

Sehnsuchtstage in Kolberg

Else Lasker-Schülers pommersche Meerhauptstadt

Sommer 1915. Abermals verringern sich die Besucherzahlen in den Seebädern an der deutschen Küste. Besonders drastisch fällt die Bilanz in Cranz aus. Denn noch bis März tobten in Ostpreußen blutige Schlachten gegen russische Truppen, die unmittelbar nach der Kriegserklärung durch Kaiser Wilhelm II. in die östlichste Provinz des Deutschen Reichs einmarschiert waren. Auch in Kolberg bricht das Saisongeschäft ein: Nur noch 7.750 Gäste und damit weit über die Hälfte weniger als im Vorjahr. Seit Kriegsausbruch dient das pommersche See- und Solbad als »Reservelazarettstadt«. Und über allem schwebt eine eigentümliche Verstörtheit. Von jener Atmosphäre wird Else Lasker-Schüler empfangen, als sie im wüstenheißen Juni von Berlin aus mit der Bahn über Stettin in Kolberg eintrifft.

Die Idee zu der Reise kommt nicht von ungefähr: Im *Café des Westens* am Kurfürstendamm, Ecke Joachimsthaler Straße, dem Treffpunkt der künstlerischen und literarischen Avantgarde, begegnet die 1869 in Elberfeld an der Wupper geborene Dichterin dem Arzt und Sexualforscher Magnus Hirschfeld. Er streitet für die Abschaffung des Paragraphen 175 aus dem Strafgesetzbuch, im Volksmund der »Homosexuellenparagraph« – angesichts der Sittenstrenge im Wilhelminischen Deutschland ein mutiges Unterfangen. Else Lasker-Schüler mag eigensinnige Kämpfer. Und gern lauscht sie den Meeresgeschichten aus seiner Heimatstadt Kolberg, wohin sie der um ein knappes Jahr Ältere einmal direkt aus dem Café, in der Szene »Café Größenwahn«, spontan mitgeschleppt haben soll. Magnus Hirschfelds Vater, Hermann

Else Lasker-Schüler um 1932

Strand und Seesteg – Ostseebad Kolberg 1915

Hirschfeld, ist seit 1852 in der kleinen jüdischen Gemeinde der ehemals blühenden Hansestadt am rechten Ufer der Persante, die hier in die Ostsee mündet, aktiv. Nach der Reichsgründung baut der Sanitätsrat »auf der Münde« für seine Familie ein Sommerhaus. Kolberg entwickelt sich zu einem beliebten Erholungsziel, wozu Hermann Hirschfeld mit seinen medizinischen Schriften zu den Heilwirkungen des See- und Solbades nicht unmaßgeblich beiträgt. Als Kolberger Stadtverordneter sowie als Mitbegründer und Vorstand des Badevereins engagiert er sich für die Einführung des Moorbadens und eine hygienisch einwandfreie Kanalisation – ein Novum, mit dem man sich auch in Berlin befasst, das gerade ein Wasserwerk bekam. Ab 1872 besitzt Hermann Hirschfeld in Kolberg eine eigene Seebade-Anstalt, das West-Bad. Und als 1874 das *Jüdische Kurhospital* für mittellose jüdische Kranke in der Hafenstraße 14/15 eröffnet, wird er »dirigierender« Arzt – gemäß Statut ohne Gehalt. Ein Jahr nach seinem Tod, 1886, ehrt die Stadt Hermann Hirschfeld mit einem Denkmal auf der Promenade nahe seinem Sommerhaus. Dies alles trug der Wissenschaftshistoriker Ralf Dose in seiner auf schwer zugänglichen Kolberger Archivalien basierenden Studie über *Die Familie Hirschfeld aus Kolberg* (2004) zusammen, einer Fundgrube auch zu Else Lasker-Schülers dortigem Aufenthalt.

In dem mittlerweile zur *Pension Villa Sommerheim* umfunktionierten Familiendomizil, geleitet von Magnus Hirschfelds jüngster Schwester Agnes, mietet sich Else Lasker-Schüler bis Ende August 1915 ein, »in der herrlichsten aller Villen, wo man Zuflucht sucht, seine Nerven ein für allemal zu stillen«, wie sie später jubiliert. »Für Krieger ermäßigte Preise«, offeriert eine Anzeige der »Früh. San.-Rat Dr. Hirschfeld'schen Familienpension Sommerheim« in der Sonderbroschüre

Erholungsorte und Erholungsheime an der Ostsee im Kriegsjahr 1915, herausgegeben vom Verband Deutscher Ostseebäder e. V., Else Lasker-Schüler wird in der *Villa Sommerheim* ein Freundschaftsrabatt gewährt, anhaltende finanzielle Sorgen lasten auf ihr.

Kolberg ist für die Dichterin, Prinz Jussuf von Theben, Sternzeichen Wassermann, eine Liebe auf den ersten Blick. »Nirgends war Else Lasker-Schüler glücklicher. Hier fand sie, was sie über alles liebte, das Meer«, schreibt die Literaturwissenschaftlerin Sigrid Bauschinger in *Else Lasker-Schüler. Eine Biografie* (2004).

*

In Reiseführern der Vorkriegszeit wird Kolberg mit Lobpreisungen überhäuft, an der Spitze: die Lage an der »Pommerschen Riviera« mit ihrem unvergleichlichen Heilklima, das 1899 errichtete Kurhaus *Strandschloß*, der Rosengarten, die prächtigen Kuranlagen und auch der Fischereihafen mit Dutzenden von Fischkuttern. Abwechslungsreiche Unterhaltung bieten Feuerwerke, Sportfeste und Promenadenbälle, Wanderungen durch den Stadtwald, »Mondscheinfahrten« auf offener See, Dampferausflüge nach Bornholm sowie ins benachbarte Seebad Misdroy. Wie Zoppot zieht Kolberg (mit über 25.750 Einwohnern ungleich größer als die westpreußische Konkurrenz) Besucher aus aller Welt an, vor allem jüdische. »Kolberg ist so ureigentlich der Sammelplatz der russischen und galizischen Juden in gut bürgerlichen Verhältnissen«, vor allem jenen, die einst aus Russland und Galizien auswanderten, um »ihr Glück jenseits des Ozeans« zu finden. Eine Charakterisierung aus dem Porträt »Jüdisches Badeleben in Kolberg«, dem einzigen dieser Art, am 1. September 1910 im

Israelitischen Familienblatt. Verfasserin ist die Königsberger Journalistin Lucia Jacoby, später Sekretärin im Central-Verein und Redaktionsassistentin der *C.V.-Zeitung*, die 1922 das Monatsblatt *Im deutschen Reich* in Form einer Wochenzeitung ablösen wird. Auf der Straße könne man Polnisch, Russisch und Deutsch, sogar Hebräisch und »Jargon«, das Jiddische, hören. Dabei falle ein »neuer Typus von Ostjuden« auf, erkennbar am »Habit«, so Lucia Jacoby im *Familienblatt*: »Die Herren promenieren im schicken Strandanzug, im vorschriftsmäßigen Segel- und Ruderdress, die Damen besitzen einen außergewöhnlich feinen Instinkt für eine individuelle Kleidung, die sich den Gesetzen der augenblicklichen Mode anpaßt und dennoch Persönlichkeit hat. (...) Einige von ihnen haben ihren Wohnsitz in den Brutstätten der Judenverfolgung, in Homel, Kischineff, Kiew und Siedlce. Düstere Pogrombilder und Szenen aus den Freiheitskämpfen werden in die Konversation eingeflochten. Tief in den Sand eingewühlt liegen sie hier und lesen die in Rußland verbotenen Bücher, die von Freiheit, Recht und Selbsthilfe sprechen, eine Lektüre, die ihnen in Rußland schwere Kerkerhaft oder gar Sibirien einbringen kann. (...) Für die gottesdienstlichen Bedürfnisse der jüdischen Kurgäste stehen zwei Synagogen, die der Gemeinde Kolberg und das Gotteshaus des Jüdischen Kurhospitals, zur Verfügung; beide Gebetstätten sind besonders an den Sabbat-Gottesdiensten weit überfüllt. Von den Badegästen wird allerdings die so bequem im Badeviertel gelegene Synagoge in dem schmucken Kurhospital bevorzugt. Dieses so segensreich wirkende Institut steht gleichfalls im Mittelpunkt des Interesses der jüdischen und selbst der christlichen Badegäste.« Und noch etwas zeichne Kolberg aus: »6 jüdische Hotels«, während andere Ostseebäder vielleicht »ein einziges« oder gar keines hätten.

כשר **Streng rituell** כשר

Hotel Max Moses

Seest. 3-4 Bes. **Adolf Veit** Tel. 292

Dicht am Strande

Neu renoviert

Schöne Zimmer (Balkon) Elektrisches Licht. Angenehmer Aufenthalt in Veranden und Garten

Weltbekannt für erstklassige Küche

כשר **Frau Dr. Papilsky's Familienpension**

Parkstraße 3, Ecke Seestraße

Beste Lage. Gute Verpflegung

Elektrisches Licht. Fernruf 160

Mittag- und Abendessen

auch für Nichtpensionäre

Prima Referenzen auch in ritueller Beziehung

Annoncen aus dem Israelitischen Familienblatt *1905*

Das älteste jüdische Hotel in Kolberg ist das seit 1880 existierende *Hotel Max Moses* in der Seestraße 3-4: »Dicht am Strande – Schöne Zimmer (Balkon) – Elektrisches Licht (...) Weltbekannt für erstklassige Küche.« Zu den ältesten jüdischen Pensionen gehört neben der schon erwähnten »Frau Dr. Papilsky's« die Hirschfeldsche *Villa Sommerheim*. Wie diese wirbt letztere im *Führer durch die Badeorte des Verbandes Deutscher Ostseebäder der Jahre 1913 und 1914* mit Anzeigen: »Im eig. Hause große Zimmer. Vorzügl. Verpflegung. Auch diätische Küche nach ärztlichen Vorschriften bei zivilen Preisen. Vor- und Nachsaison entspr. billiger.«

*

Else Lasker-Schüler reist im Kriegssommer 1915 nicht allein nach Kolberg. Paul, ihr einziges Kind, außerehelich geboren, begleitet sie. Der Sechzehnjährige besucht das Schulheim Hellerau in der gleichnamigen Gartenstadt an der nördlichen Peripherie Dresdens und hat jetzt Ferien. Im Herbst soll »Pülle« bei einem Akademieprofessor in München privaten Zeichenunterricht nehmen. Die Dichterin hat für den zeichnerisch Talentierten hochfliegende Pläne, wünscht sich für ihn eine Anstellung im Theater, in der Filmbranche oder im Satireblatt *Simplicissimus*. Wenn sich doch nur sein Gesundheitszustand bessern möge! Paul fühlt sich ständig müde, seine Lunge schmerzt, und immer häufiger überfällt ihn depressive Erschöpfung. Aber nun genießen Mutter und Sohn den Kolberger Strand sowie die »Maikuhle«, eine Birkenniederung zwischen Persante und Ostsee, die an die westliche Hafenausfahrt mit dem Lotsenturm und den beiden Molen grenzt.

Tag und Nacht denkt Else Lasker-Schüler an Franz Marc, ihren »Blauen Reiter«, der wie viele Männer aus ihrem Berliner Freundeskreis gleich zu Beginn des Krieges an die Westfront eingezogen worden ist. Ihren ersten Brief schreibt sie aus Kolberg am 13. Juni an Maria Marc, seine Frau, »Lieb Marei«, und erkundigt sich nach Franz, für den sie sich auch den Namen Ruben ausgedacht hat: »Hab länger nichts von ihm gehört. Sandte ihm und seinem Pferdchen eine Spieldose. Schreib sofort. Ich war sehr krank 10x operiert worden. Schreib sofort. Ich bin mit Pülle hier. (…) Muß viel arbeiten daß ichs ermögliche. Immer Dein Jussuf. Wo bist Du?« Gemeinsame Ostseepostadressaten sind am 18. Juni der Bildhauer Fritz Huf und der Architekt Hanns Hirt: »Wunderschön wohnen wir bei der Tochter des früheren Sanitätsrat (…). Alles schön eingerichtet. (…) Das Meer spar ich mir immer auf zu sehen, wie Chocolade in Staniol.« Und an Franz Marc sendet Else Lasker-Schüler am 12. August die Zeilen: »Mein lieber, lieber, lieber, lieber, lieber Ruben. Nun lies wie ich Dir gut bin! Und vielen, vielen Dank für Deine wundervollen Briefe. In die Kriegszeit kommen drei. Dir ists doch recht? (…) Ich bin in Kolberg, da ruhiger, billiger, gesunder wie in Berlin. Ich arbeite viel. Du lieber, armer Ruben, aber bald alles zu Ende glaube ich. (…) Dein demütiger liebender Jussuf.«

Am 4. März 1916 stirbt der expressionistische Maler, Zeichner und Grafiker vor Verdun durch einen Granatdoppelschuss. »Der blaue Reiter ist gefallen, ein Großbiblischer, an dem der Duft Edens hing«, verkündet der trauernde Prinz, der die Welt nicht mehr fassen kann, in seinem Nachruf am 9. März im *Berliner Tageblatt*.

Wenige Monate später verschlechtert sich Pauls Gesundheitszustand dramatisch. Fortan muss er wiederholt in Sanatorien gepflegt werden, in Konstanz, in Zürich, in Locarno.

*

Erst im Sommer 1921 reist Else Lasker-Schüler zum zweiten Mal nach Kolberg. Ohne Paul. Sie betet für ihn, trinkt viel Milch, isst viel Obst, fängt sich zusehends. Am 25. August schreibt sie (wie meist ohne Punkt und Komma) an Reinhold von Walter, den Übersetzer russischer Werke ins Deutsche, darunter Romane von Fjodor Michailowitsch Dostojewski: »Lieber Zar. Herrlich Meer berauschend. Bade herrlich Freibad in der Maikuhle, Sonne herrlich kommen! Kommen! Herrlich! Warm! Billig prachtvoll. (…) Jussuf.«

Während ihres Aufenthaltes 1922 gibt Else Lasker-Schüler am 12. August laut *Kolberger Bade-Blatt* im *Jüdischen Kurhospital* eine Lesung »Aus eigenen Dichtungen«. Die von Schwestern aus dem Deutschen Verein für Jüdische Krankenpflegerinnen Berlin (D.V.J.K.) betreute klinische Einrichtung mit einhundertfünfzig Betten nimmt auch Kinder aus mittellosen jüdischen Familien auf, unentgeltlich für maximal vier bis sechs Wochen. Die meisten sind unterernährt, rachitisch, haben Hautkrankheiten, Lungen- und Herzleiden. Else Lasker-Schüler spendet für die Kinder. Aus Geldspenden finanziert sich das Hospital zum großen Teil. Sachspenden werden auch gern entgegengenommen: Kinderspielzeug und Bücher für die Hospitalbibliothek, Thorarollen und Chanukka-Leuchter für den Betsaal.

Villa Sommerheim heißt ab Sommer 1922 *Villa Agnes*, nachdem Agnes Hirschfeld Anfang des Jahres gestorben war. Das Denkmal des Vaters »auf einer kleinen Pyramide« ist mittlerweile »epheuumrankt«, freut sich Else Lasker-Schüler in ihrer Liebeserklärung an das »allerschönste Ostseebad«, ihr Kolberg: »Freundschaft schloß ich mit dem dortigen Meer und seinem grünäugigen Freund, dem Wald. Wir drei sind die

Erzindianer und schlossen den Treueid.« Am 27. Juni 1923 erscheint *Kolberg* im *Berliner Börsen-Courier*, am 10. Juli, wenn die Autorin zum vierten Male dort weilt, druckt die *Kolberger Zeitung für Pommern* den Text nach. Als Kind habe sie geglaubt, Pommerland sei abgebrannt. »Wie ein Volkslied einen irreführen kann. Worte, die wie Muscheln von Wellen an den Strand geworfen werden und dann gesammelt von einem Dichter in seinem Eimerchen. (…) Manchmal liegt zwischen den Muscheln ein Bernsteinwort mit einem Fliegenskarabäus im Leibe. Zwischen hohen Schornsteinen im Wuppertal spielt meine kleine Spieluhr: Maikäfer flieg und wie es so weitergeht. – Es gibt bei aller rauschender Wahrheit ein Pommerland und seine Meerhauptstadt heißt: Kolberg. Das trägt das majestätischste Ostseegeschmeide, das Ebbe und Flut in der großen Perle hat. – Bald streife ich wieder in meinen Kolbergen umher, barfuß die Dünen herunter, wenns los geht und die Wasser die höchsten Sandburgen umreißen; die gewaltigsten Wellen aber schlagen an die Felsblöcke, wo wir Wildwest-Robinsonaden baden. Durch verschwiegener Aeste gläserne Beeren gucken neugierige Augen aus der Waldrichtung auf den Strand. Aber unsere Nacktheit ist längst stabilisiert im freien Bade, und so ergeht es schließlich allen, auch den Damen, deren Toiletten sonst im Wechsel der Moden fallen. – Neu angekommen wandele ich schon auf Deck im Meere auf und ab. Ueber die lange rot beleuchtete Brücke dem senkrechten Horizont, eile ich auf das Schiff, darauf die Badegäste spät am Abend lustwandeln. Musik, unsichtbar tönende Vögel schweben vorbei, die kommen vom kleinen Tempel her, vom Kurplatz.«

Else Lasker-Schüler genießt in der *Villa Agnes* die charmante Gastlichkeit der Wirtin Jenny, Magnus Hirschfelds zweitjüngster Schwester, und die ihrer »liebenswürdigen Vice-

Pension „Villa Agnes"

See-, Sol- und Moorbad

Kolberg

Promenade 23 • Telephon 430

Hauswerbung 1922

Hafeneinfahrt mit Lotsenturm und aufgewühlte Ostsee in Kolberg

direktorin«, einer Frau von Gerichten, »Frau v. G.«. Bei schönem Wetter isst sie allein unter den Sonnenschirmen im Vorgarten zu Mittag und zu Abend, alles Lärmende, Plappernde vom Nachbartisch, am schlimmsten Schmatzen, treibt die Vierundfünfzigjährige in den Wahnsinn. »Des Doktors Jugendbild begrüßt im kleinen Speisesaal die Kinder am runden Tisch. Aber oben in meinem Studentenzimmer (voriges Jahr arbeitete ich dort auf den Dr. Ozean hin, Dr. oz.) hängt die letzte Photographie des großen gütigen Sanitätsrats; er trägt den einzig mir sympathischen Bart, den Kapitänsbart, der mächtig sein liebes Gesicht umspült und einst wegwehte alle Schmerzen. – Monat für Monat wächst das Kolberg an Menschen. Internationales Treiben: Russen, Polen, Tschechen, Schweden. Das Städtchen, bald erwachsen, wird zur Stadt. In den Sälen der Hotels: Tanz und Fest; eine amüsante Bar gerade neben unserer Villa. In den Konditoreien stellen die Besucher ihren Magen auf Eis.« Die zauberkräftige Beobachterin bleibt 1923 bis in den September hinein. Und wie immer fliegen ihre Meeresgrüße in alle Himmelsrichtungen: »Pension Agnes, enorm schön und großartig Essen und großzügige Menschen. Meer: sehr schön«, teilt sie am 9. Juli Klaus Gebhard mit, dem aus ihrer Heimat stammenden Seidenfabrikanten, Kunstsammler und Kunstmäzen. Zugleich weist sie auf ihren Artikel im *Börsen-Courier* hin, worin sie über Kolberg erzählt: »Die Läden in der Stadt und am Strande überbieten sich. In den Buchläden die modernsten Auslagen (meine Bücher sind auch zu haben …). Ich selbst lese ja nichts, sehe mir aber die Achat- und Feuersteine, den Goldfluß, die Amethysten und Granaten in dem Steinladen auf dem Weg zum Strand an, auch besuche ich mit Vorliebe die Muschelfrau. Schon im Schaufenster bewundere ich die hübschen Muschelkästchen, die Spiegel im Muschelrahmen, die Uhrständer, die durchsichtigen grünen und roten Beutelchen mit Spielmuscheln (…). Jeden Abend heimlich (600 M. Strafe, wenns herauskommt) raube ich mir das ganze Meer in meine kleine Tasche, lege das unendliche Wassergeschmeide in ein Etui unter mein Kopfkissen. Auf dem Leuchtturm die Flagge ist schon gehißt. Ich komme!« Klaus Gebhard kommt auch. Der Prinz hat seinen »Wupper-Indianer« überzeugt.

*

Seit einer Weile sorgen auch in Kolberg »Hakenkreuzler« für Aufsehen. Kaum zu glauben. Und vielleicht darum reagiert die *C.V.-Zeitung* auf eine »Anfrage betr. Kolberg« am 5. Juli 1923 beschwichtigend: »Es liegt bis jetzt keinerlei Veranlassung vor, vor dem Besuche von Kolberg irgendwie zu warnen«, obwohl zutreffend sei, dass »die bekannten nächtlichen ›Helden‹ dort Verkaufsläden mit halbmetergroßen Hakenkreuzen« verschandelt hätten. Kein Geheimnis ist außerdem die judenfeindliche Haltung der *Pension Köpke* in der Moltkestraße 7 sowie die der *Christlichen Fremdenpension*, Hakenstraße 3. Voller Zuversicht gibt es jedoch immer wieder auch Neueröffnungen jüdischer Restaurants, beispielsweise jenes am 27. Juni 1924 in der *Jüdischen Rundschau* angekündigte: »Streng rituell, Rosenstraße 6, Österreichische Küche zu soliden Preisen. Für gute und saubere Bedienung bürgt der altbekannte Restaurateur Rosenzweig, Berlin. Auf Wunsch werden Zimmer besorgt und bei Ankunft jede Hilfe geleistet«. Am 7. August 1924 füllen plötzlich alarmierende »Zustände in Kolberg« in der *C.V.-Zeitung* zwei Spalten. Ein Berichterstatter ist über Nazi-Horden außer sich, die nachts einen »einsamen Kurgast« überfielen und zu Boden schlugen: »Wo bleibt die Polizei?«. Diffuses Unbehagen schwelt. 1926 findet in Kolberg ein Vortragsabend des Central-Vereins statt, nach Ansicht des *Kolberger Tageblatts* ein Indiz für die »Verjudung der Ostseestadt«.

*

Zehn Tage vor dem Heiligen Abend 1927 stirbt Paul an Tuberkulose. Während seiner langen Krankheit schreibt Else Lasker-Schüler kein einziges Gedicht. Erst Mitte September 1928 entsteht jenes *An mein Kind*, das mit den Zeilen beginnt: »Immer wieder wirst du mir / Im scheidenden Sommer sterben, mein Kind«.

Nach ihren Sommern 1928 und 1929 in Kolberg kündigt sich Else Lasker-Schüler 1930 anders als sonst bereits für Mai in der *Villa Agnes* an. Und trotz eines grippalen Infekts badet sie im Meer, ihrem Meer. »Das Meer ist die weite strömende, der Welt ›gebliebenen‹ Seele. Das Meer ist von dieser Welt. Aber der Geist Gottes schwebt über seine Wasser. Wir tauchen in das heilige Element und erlösen uns von aller Erdenschwere.« Nachzulesen in ihrer Miniatur *Das Meer* am 25. Juni 1930 im *Berliner Tageblatt.*

Schiffe und Segelboote schmücken viele ihrer Briefe. Sie liebt den salzluftigen Strand, liebt Muscheln, Seerosen, Korallen und die Perlmuttschuppen der Fische im Meeresmost, träumt sich einen Gürtel um ihren Kittel aus Algen und Seesternen, sammelt am Flutsaum Steine, bunte vor allem in den Farben ihres Thebenreichs. Wenn Bäume rauschen, hört sie eine Orchesterbegleitung aus Meereswellen. Ihre Bücher, mutmaßt sie, ertrinken eines fernen Tages im Meer. »Goldmatrosin« nennt sie Stefanie Hess, die Ehefrau des jüdischen Kunsthändlers Fritz Hess, dessen spätere Frau die Bildhauerin Tisa von der Schulenburg sein wird.

»Stahlbeleidigungen« am Strand, Ausfälle des antisemitischen Wehrverbandes namens Stahlhelm, Bund der Frontsoldaten, beunruhigen Else Lasker-Schüler in ihrem letzten Kolberg-Sommer 1931. Prophetisch mutet an, was sie am 16. Juli für ihre Berliner Freunde, den Schriftsteller Erwin Loewenson und den jiddischen Dichter Abraham Nochem Stenzel, in die Worte fasst: »... viel Sturm vor meinem Fenster spät, fern dunkel, aber das Meer ist still und in sich gekehrt.« Gleiches erhält mit demselben Datum auch Klaus Gebhard, linksbündig abgesetzt:

1 Minute
vor 12
Sturm und Regen
Ein Nachtfalter kam
Durchs Fenster und lieh
Sich meinen Regenschirm.

Niedergeschlagen und traurig über die »Unbegreiflichkeit dieser dunklen Welt« bricht Else Lasker-Schüler ihre Ferien ab. »Ich möchte wieder fort – ich fühle die Unruhen Berlins«. Unaufhörlich berichtet die jüdische Presse über Friedhofsschändungen und Einbrüche in Synagogen, über antijüdische Demonstrationen und Straßenüberfälle. »Nun ist es ½ 1 Uhr: Sturm noch stärker, später und ferner und dunkler. Ich bin, da ich die Gardinen übereinander steckte, im schwankenden Schiff allein und sehr einsam auf hoher See. Ihr blauer Jaguar (Jussuf).«

Abendliche Meeresstimmung an der »Pommerschen Riviera«

Aufsteigende Möwen

Eine gewaltige antisemitische Sturmflut

An vielen Ostseestränden zu Beginn der Weimarer Republik

»Der Krieg ist verloren, das Reich zusammengebrochen«, melden die *Neuen Jüdischen Monatshefte. Zeitschrift für Politik, Wirtschaft und Literatur in Ost und West* in ihrer Januar-Ausgabe 1918, »die Republik ist ausgerufen, das Alte ist gestürzt. (...) Die jetzige Regierung wird demokratisch und als solche kaum ein Gegenstand des Kampfes sein.« Die stimmungsmäßige Großwetterlage aber verheißt für die jüdische Bevölkerung in Deutschland nichts Gutes. Das zeichnet sich schon am 19. Juli 1917 ab, als der Reichstag jene von SPD, katholischem Zentrum und Fortschrittlicher Volkspartei (FVP), der späteren Deutschen Demokratischen Partei (DDP), eingebrachte Friedensresolution annimmt, die zur Beendigung des Krieges »einen Frieden der Verständigung und der dauernden Versöhnung der Völker« fordert. Die antisemitischen Kräfte formieren sich im Siegeshurra 1914 weiter, werden einflussreicher und aggressiver, angestachelt besonders vom Alldeutschen Verband, für den »die Juden« schon immer die Schuld an allem Unglück der Welt tragen und nun als vermeintliche »Drückeberger« an der Front und Hauptverantwortliche für den »Schandfrieden« von Versailles angeprangert werden. Und so sieht denn ein Artikel *Im deutschen Reich* am 10. Oktober 1917 voraus: »Uns steht ein Krieg nach dem Kriege bevor. (...) Mit zu großer Beflissenheit hat man seit Kriegsbeginn alles, was den Antisemiten und den Alldeutschen nicht gefiel, den Juden in die Schuhe geschoben, mit zu deutlicher Absichtlichkeit, als daß man hätte übersehen können, worauf es hinausläuft. Der Reichstag nimmt eine

Friedensresolution an, die den Alldeutschen nicht gefällt: es ist eine Juden-Resolution, der ganze Reichstag hat nicht das Glück, die Gunst der Antisemiten zu besitzen, es ist ein Juden-Reichstag, obwohl wir unter den 399 Abgeordneten kaum ein halbes Dutzend haben. Ein Verständigungsfriede widerstrebt ihnen – es ist ein Juden-Friede.«

Neues Diffamierungsvokabular breitet sich wie ein Bazillus im alltäglichen Wortschatz aus. Mit einer gigantischen Propagandamaschine wirkt hier der im Februar 1919 sich breitbeinig aufgestellte Deutschvölkische Schutz- und Trutzbund (DVSTB), der Stadt und Land mit Flugblättern und Flugschriften, Handzetteln und Klebemarken in Millionenauflagen überschwemmt. Judenfeindliche Tageszeitungen klatschen dazu im dumpfen Takt. Eine gefährliche Entwicklung, auf die Alfred Wiener *Im deutschen Reich* im Juli/August-Heft 1919 aufmerksam macht: »Eine gewaltige antisemitische Sturmflut ist über uns hereingebrochen.« Deutsch-völkische Rechtsanwälte hätten sich zu Sondervereinigungen zusammengetan. »Deutsch-völkische Frauenvereine wollen die Schulen judenkinderrein machen.« Bezahlte Agitatoren in Straßenbahnen und Hochbahnen riefen zu »Plünderungen jüdischer Geschäfte, Mord und Totschlag« auf. Unüberhörbar in diesen »ständigen Aufpeitschungen« das Verlangen nach der »Austreibung der Juden aus Deutschland«, verbunden mit der Absicht, eine »Pogromgarde« aufzubauen. Wie anders sei sonst die »Pogromhetze« zu verstehen, fragt der 1885 in Potsdam geborene Historiker und Orientalist, der im Central-Verein als Syndikus fungiert und 1933 mit seiner Familie nach Amsterdam emigrieren wird. Aus seiner Sammlung antisemitischer NS-Materialien errichtet Alfred Wiener in der niederländischen Hauptstadt das Jewish Central Information Office (JCIO), aus dem 1940 in London die nach ihm benannte Wiener Library hervorgeht – die weltweit älteste auf ihrem Gebiet und bis heute Großbritanniens diesbezüglich größte Forschungsbibliothek: The Wiener Library for the Study of the Holocaust and Genocide.

*

Erste Schäden richtet die antisemitische Sturmflut bereits im Sommer 1919 in Kolberg an. Ein ortsfremder Student löst am 14. Juli mit Reden und Plakaten gegen jüdische Badegäste heftige Tumulte aus. Anschließend macht sich der Fehlgeleitete aus dem Staub. Die Sache läuft noch einmal glimpflich ab. Anders in Cranz, wo der Gemeindevorsteher am 9. August eine Bekanntmachung im Seebad aushängen lässt. *Der Gemeindebote*, eine Beilage zur *Allgemeinen Zeitung des Judentums*, veröffentlicht den Wortlaut am 22. August: »Unter den Badegästen und Passanten von Cranz machen sich seit einiger Zeit Unruhen bemerkbar, die zu Zusammenstößen geführt haben und den Badeverkehr stören. Die Bewegung ist Motiven des Rassenhasses entsprungen, und ich habe sie bisher nachsichtig beurteilt, daß sie keinen ernsteren Charakter annehmen würde. Nach den Vorgängen am letzten Sonntag (...) aber habe ich die Pflicht, mit aller Energie einzuschreiten (...). Nach mündlicher Berichterstattung beim Herrn Oberpräsidenten habe ich mir vom Generalkommando Königsberg eine Truppenabteilung zur Unterstützung der hiesigen Polizeiorgane zuweisen lassen und werde unnachgiebig gegen jede Beeinträchtigung der öffentlichen Ordnung einschreiten. (...) Zettelverteiler werden von der Uferpromenade entfernt, Urheber von Schlägereien in Haft genommen, gleichviel welcher Partei und Konfession sie angehören. Die Polizeibeamten sind von heute ab wie die Gendarmerie mit Schußwaffen und scharfer Munition ausgerüstet. (...) Die Verwaltung hat ein dringendes Interesse daran, daß sich das Badeleben in den gewohnten friedliebenden Bahnen entwickelt, Cranz als Bad ist nicht der Ort zur Austragung politischer Gegensätze.«

*

Unterdessen tobt die antisemitische Sturmflut weiter an der Ostseeküste. Das drückt sich auch im »Flaggenstreit« aus, der sich bis zum Ende der Weimarer Republik hinzieht, erkennbar an den jeweils gewählten Fahnen und Wimpel auf Strandkörben und Sandburgen, mit denen man sich öffentlich positioniert: kaisertreu in Schwarz-Weiß-Rot, republikanisch in Schwarz-Rot-Gold, immer häufiger mit Hakenkreuz. Als »Judenlappen« bezeichnen vor allem deutschvölkisch Gesinnte und die allmählich aufsteigende NSDAP die Nationalflagge der Weimarer Republik. Denn mit der am 31. Juli 1919 beschlossenen Reichsverfassung wird erstmals in der deutschen Geschichte die vollständige jüdische Gleichberechtigung deklariert. An vielen Stränden führt dies immer wieder zu Unruhen und Krawallen. Burgen nicht nur jüdischer Badegäste werden über Nacht zertrampelt, Fahnenstangen zerbrochen, Fahnen zerrissen, gestohlen. Noch 1928 bezeugt in *Akten des Regierungspräsidenten zu Stralsund betr. Schutz der Reichsflaggen in den Seebädern*, verwahrt im Landesarchiv Greifswald, ein »Aufruf zum Schutze der Reichsfarben«, unterzeichnet vom Landrat des Kreises Franzburg-Barth: »Es ist für jeden guten Deutschen beschämend, daß die verfassungsmäßigen Reichsfarben, denen man im Auslande überall die selbstverständliche Achtung entgegenbringt, an der deutschen Ostsee beschimpft werden.«

Beflaggte Sandburgen und Seebrücke
im holsteinischen Ostseebad Grömitz 1930

Haus Sternberg

Alte Strandstraße 75

Ruhige, sonnige, staubfreie Lage
in großem Garten. Wohnungen und einzelne
Zimmer mit und ohne Veranda
auf Wunsch Verpflegung
Zone II

Villa Siegfried

in herrlicher Lage, 6 Minuten vom Strande, vermietet eine große, sehr gut möblierte Küchenwohnung mit Veranda und Nebengelaß und 2-Zimmerwohnung mit Kammer, Notküche, Gartenlaube. Elektrisch Licht, Gas.

Anfragen bitte Porto zuzuführen

Besitzer: Ferdinand Urban, Kastanien-Allee 7

HOTEL UND PENSION

„ZUR OSTSEE"

Direkt am Strande

Elektrisch Licht in allen Räumen / Autogaragen
Telefon 272 / Telegr.-Adr.: Ostseehotel Zinnowitz

BESITZER G. JAHNKE

Werbeanzeigen aus Zinnowitz 1920

*

Die Stimmung spitzt sich zu. Besonders in den Seebädern, die sich schon während des Kaiserreichs ein »rein deutsches Gepräge« gaben. Allen voran Zinnowitz: Unter dem Druck von über sechshundert Gästen und Einheimischen, bescheinigen Ortschroniken, wird am 17. August 1920 im Kurhaus über »Die Judenfrage und ihre Bedeutung für Zinnowitz« debattiert und im Ergebnis ein eigener »Zweckverband« zur Freihaltung des Ostseebades »für deutschblütige Kurgäste« konstituiert. Postwendend befürwortet die Gemeindevertretung daraufhin, Anzeigen des Verbandes etwa vom *Hotel zur Ostsee* und von der *Villa Siegfried* im Zinnowitzer Badeprospekt zu veröffentlichen – versehen jeweils mit Hakenkreuz und dem an »Freunde deutschen Blutes und germanischer Art« gerichteten Appell: »Helft uns!«

Zum Abschluss der Sommersaison wendet sich das *Israelitische Familienblatt* voller Sorge an die Öffentlichkeit und fasst am 9. September 1920 unter der Überschrift »Der antisemitische Bäderfeldzug« verschiedene Geschehnisse zusammen: »Am schlimmsten ging es auf der Strandpromenade in Swinemünde zu, wo es zu großen Kundgebungen mit antisemitischer Tendenz kam. Unter Führung von Reichswehrsoldaten (…) zog eine große Menschenmenge mit Musik und Gesang vor die vollbesetzten Vergnügungslokale, wo Drohungen gegen die jüdischen Badegäste ausgestoßen wurden. An einigen Stellen wurden Ansprachen ähnlichen Inhalts gehalten. Der verstärkten Polizeimannschaft gelang es, durch sofortige Schließung der Lokale die Ansammlung zu zerstreuen und ernstere Ausschreitungen zu verhindern. (…) Hunderte von Musikern, Kellnern usw. werden brotlos. Der Ruf Swinemündes ist zerstört.« Dennoch reisen jüdische

1. Es hat sich am 17. August 1920 der „Zweckverband Zinnowitz" gegründet, der sich die Aufgabe gestellt hat, das Ostseebad Zinnowitz judenfrei zu halten und gewillt ist, diese Aufgabe mit allen geeigneten Mitteln durchzuführen.

2. Der Zweckverband will während der Wintermonate eine umfassende Propaganda für das Bad Zinnowitz entfalten, um die Zahl der „nicht-jüdischen" Badegäste nach Möglichkeit zu steigern.

Daher rechnet der Zweckverband auf die volle Unterstützung der Zinnowitzer Einwohner und der Badeverwaltung für seine Bestrebungen, denn beide haben den Wunsch, alle Wohnungen

während

Protokoll zur Gründung des »Zweckverbandes« aus der Sammlung der Historischen Gesellschaft zu Seebad Zinnowitz auf Usedom e.V.

während der Sommermonate
mit „nicht-jüdischen" Badegästen"
zu füllen.

3. Der Zweckverband richtet daher
an die Badeverwaltung das Ersuchen,
rechtzeitig vor Drucklegung des
Prospectes für das Jahr 1929, an alle
Vermieter einen Fragebogen zu senden,
der die nur „ja" oder „nein" zu beant-
wortende Frage enthält:
„Nehmen Sie Juden auf?"
Die Nichtbeantwortung dieser
Frage gilt als Verneinung.

4. Diejenigen Vermieter, die die Frage
unter 3 bejahen, erhalten vor
ihrer Wohnungsangabe einen
Stern (Stern Davids).
In dem Prospecte ist die Bemerkung aufzunehmen: „Nur die
mit Stern * versehenen Häuser
nehmen Juden auf.

5. Der Zweckverband belegt gegen
angemessene Bezahlung die

Innenseite

Innenseite des Prospekt-
umschlages für eine Anzeige,
deren Abfassung rechtzeitig
aufgegeben werden wird.

Zinnowitz den 27. August 1920

Der „Zweckverband-Zinnowitz"

Zur [illegible] zu gegebener Zeit

VERBAND DEUTSCHER OSTSEEBÄDER (E. V.)

Telegramm-Adresse:
tseebäder-Verband, Berlin

Fernsprecher:
Amt Zentrum, Nr. 4335.

BERLIN NW. 7, den 17. Februar 1921.
Unter den Linden 76a.
Eingang Neue Wilhelmstrasse.

382/21.

An die Badeverwaltung

Zinnowitz

Aus einer Notiz in der letzten Allgemeinen Deutschen Bäder Zeitung ersehen wir, dass ein Schutzverband für deutschvölkische Ostseebäder gegründet worden ist, um seine Mitgliederorte für deutschblütige Kurgäste frei zu halten. Da diese Gründung von Zinnowitz ihren Ausgang genommen hat, und es uns sehr erwünscht wäre, mehr über dieselbe zu erfahren, weil viele unserer Klienten direkt nach judenreinen Badeorten fragen, bitten wir höflichst um eine gefällige Mitteilung, welche unserer Verbandsbäder, ausser Zinnowitz, noch diesem Verbande angehören und welches die Adresse des genannten Schutzverbandes ist.

Mit verbindlichstem Dank im Voraus

Hochachtungsvoll

Geschäftsstelle des Verbandes
Deutscher Ostseebäder
Direction

Schreiben an die Badeverwaltung Zinnowitz vom 17. Februar 1921 aus der Sammlung der Historischen Gesellschaft zu Seebad Zinnowitz auf Usedom e.V.

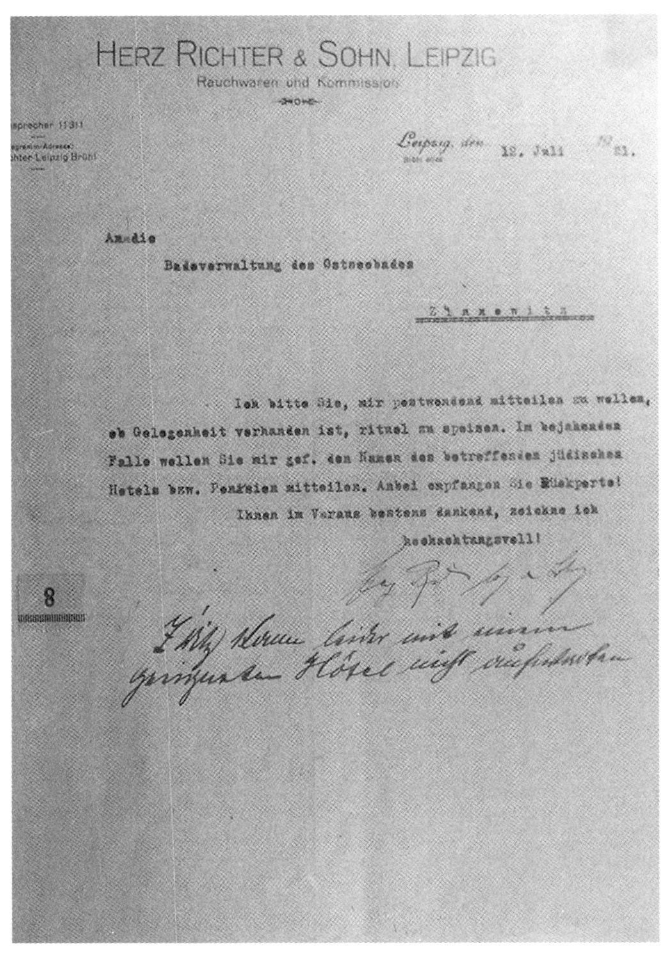

HERZ RICHTER & SOHN, LEIPZIG
Rauchwaren und Kommission

Leipzig, den 12. Juli 1921.

An die

Badeverwaltung des Ostseebades

Zinnowitz

Ich bitte Sie, mir postwendend mitteilen zu wollen, ob Gelegenheit vorhanden ist, rituel zu speisen. Im bejahenden Falle wollen Sie mir gef. den Namen des betreffenden jüdischen Hotels bzw. Pension mitteilen. Anbei empfangen Sie Rückporto!

Ihnen im Voraus bestens dankend, zeichne ich

hochachtungsvoll!

Anfrage an die Badeverwaltung Zinnowitz vom 12. Juli 1921
aus der Sammlung der Historischen Gesellschaft zu Seebad Zinnowitz
auf Usedom e.V.

Gäste weiterhin in das älteste Seebad auf Usedom und machen Spaziergänge von Ahlbeck aus dorthin. Sich in unkalkulierbaren Sphären aufzuhalten und wie auf vermintem Gelände zu bewegen, ist für die meisten von ihnen tagtägliche Realität. Am Swinemünder Strand glänzt ein eigenes Bädervillen-Viertel, ab 1887 Stück für Stück erbaut – stilistisch gemischt aus neuer alter Gotik und Renaissance, Elementen aus Klassizismus, Art Nouveau und Barock, Markenname: Bäderarchitektur. Wer möchte sich diese für die Ostsee typische Besonderheit nicht anschauen?

Das Klima bleibt gereizt und angespannt. »Wohin?« lautet die Eingangsfrage zum Artikel »Die Juden in der Sommerfrische« am 8. Juli 1921 im *Israelitischen Familienblatt*: »Heute, wo der Antisemitismus in Deutschland qualitativ und quantitativ furchtbar gewachsen ist, wird die Wahl der Sommerfrische noch schwieriger.« Längst habe man sich damit abgefunden, dass »die Juden verkannt« und als Sündenbock für alles Unliebsame und Schlechte herhalten müssten. Könne nicht wenigstens in den Ferien Rücksicht geübt werden? »Man soll in der Sommerfrische natürlich sein. Aber heißt das, im geistigen Negligé sich zeigen?« Bei aller Bestürzung sei man indes überzeugt, dass die »Mehrheit der nichtjüdischen Deutschen« jene antisemitischen »Neuerscheinungen« in den Seebädern verurteile und »weit von sich weist«.

*

Wie Schutzräume nehmen sich jüdische Unterkünfte aus, die (neben den ab 1884 deutschlandweit entstehenden jüdischen Ferienkolonien) als Erholungsheime vor allem für Gruppen dienen. Angeregt und getragen von der Kant-Loge und ihrem Schwesternbund in Königsberg eröffnet nach intensiver Vorbereitung am 5. Juni 1921 das *Jüdische Ferienheim Neuhäuser* im gleichnamigen Ostseebad zwischen Pillau und Fischhausen am Kurischen Haff. Die streng rituell geführte Einrichtung, ein Ziegelbau mit Wintergarten, Balkon, Spielwiese und Garten (bald erweitert durch einen Turnraum mit Barren, Reck, Ringen und Kletterseilen) nimmt zunächst achtzehn Erwachsene und vierundvierzig Kinder auf, wobei sich die Zahl der Erwachsenen, die sich vorwiegend als Einzelgäste anmelden, im Laufe der folgenden Jahre verdreifacht, die der Kinder auf weit über hundert steigt. Ein wichtiges gesundheitliches Ziel der Betreuerinnen in Neuhäuser ist die Gewichtszunahme der Jungen und Mädchen. Nahezu alle sind mangels guter Ernährung in ihren sozial bedürftigen familiären Verhältnissen schwach und dünn. »Die Kinder baden, turnen, machen Ausflüge. (...) Sie stehen morgens um ½ 8 auf, um ½ 9 sind sie an der Frühstückstafel; es gibt Kakao oder Milch, reichlich bestrichene Butterbrötchen mit Marmelade für jeden soviel er will, ferner 1 Ei, 1 Apfel oder 1 Banane. Zum zweiten Frühstück, das die Kinder an der See essen, bekommen sie belegte Schnitten mit. Um 1 Uhr ist Mittag. (...) Milch- oder Obstsuppen, Gemüse, Mehlspeisen oder Fische. Nachmittags um 4 Uhr wird wieder Kakao oder Milch mit Buttersemmeln gereicht. Das Abendessen um 7 Uhr besteht zumeist aus belegten Schnitten nebst Milch oder Tee, am Sabbatabend fehlt selbstverständlich nicht Brühe oder Huhn. Jedes Kind wird bei der Aufnahme gewogen. (...) Stichproben ergaben, daß einzelne Kinder schon nach 14 Tagen 4-5 Pfund zugenommen hatten.« Ein Auszug aus dem *Königsberger Jüdischen Gemeindeblatt*, das regelmäßig über das *Jüdische Ferienheim Neuhäuser* informiert, am 1. August 1930, illustriert mit Fotos zum zehnjährigem Bestehen. Dankbar werde der wöchentliche Briefschreibetag angenommen,

Antreten zum Kinderfest

Zehn Jahre „Jüdisches Ferienheim Neuhäuser"

Das Jüdische Ferienheim Neuhäuser gedenkt an dem Tage seines 10jährigen Bestehens mit besonderer Dankbarkeit all derer, die die Durchführung des Werkes ermöglichten, in erster Reihe des Herrn Michael Keller und seiner Gattin Minna, die ihrem Andenken durch die Stiftung des Grundkapitals ein lebensvolles Denkmal gesetzt haben. — Aus kleinen Anfängen ist in stetiger Entwicklung ein soziales Werk entstanden, geschaffen und unterhalten aus der Leistung Aller für Alle. Mit besonderer Bereitwilligkeit ist uns von allen Seiten, seien es Mitarbeiter, Mitglieder oder Freunde, seien es Organisationen und Behörden gewesen, geholfen worden.

Alle Arbeit, die geleistet wurde, alle Hilfe gelten unserer Zukunft — der jüdischen Jugend. Dieser Gedanke möge auch den kommenden Jahren Inhalt und Erfüllung sein.

Arthur Cohn.

Vorderansicht des Heims

Aus Zehn Jahre Jüdisches Ferienheim Neuhäuser *(vermutlich 1931)*

In historischen Ostseereiseführern stets positiv hervorgehoben: starke Brandungswellen

und alle begrüßten den sich entwickelnden jüdischen Gemeinschaftssinn, vor allem auch, weil manch eines der Kinder »den Sabbatabend mit seinen traditionellen Gebräuchen, dem Lichteranzünden, dem Kiddusch« zu Hause nie erlebte, so dass das Ferienheim »ein jüdisches Haus«, nicht »eine bloße Pension«, anbiete.

Eigens für berufstätige Frauen und Mädchen schafft die Ortsgruppe Königsberg des 1904 in Berlin ins Leben gerufenen Jüdischen Frauenbundes (JFB) in Cranz ein Erholungsheim. Wie das Neuhäuser Heim ist auch dieses streng rituell geführt und mit nur zwölf Betten familiär und begehrt. Das illustriert eine Anzeige im *Königsberger Jüdischen Gemeindeblatt* zur Einweihung des *Erholungsheims des Jüdischen Frauenbundes für berufstätige Frauen und Mädchen* am 1. Juli 1925: »Es erfreut sich eines sehr regen Zuspruchs und ist während des ganzen Monats Juli vollbesetzt, zeitweise sogar überbesetzt.« Die Auslastung hält an. »Meldungen an Frau Rahel Wolf, Weidendamm 22«, möglichst rechtzeitig, empfiehlt das *Gemeindeblatt*.

*

Bereits seit 1917 reisen Gruppen kleiner und jugendlicher jüdischer Badegäste aufs Fischland ins Kapitänsdorf Wustrow: »Zöglinge«, so die zeitgenössische Bezeichnung für jene Jungen zwischen sechs und vierzehn Jahren aus dem II. Waisenhaus der Jüdischen Gemeinde Berlin (ihr erstes, ebenfalls für Jungen, unterhält die Gemeinde ab 1872 im Weinbergsweg, ein weiteres für Mädchen ab 1894 in der Mühlenstraße). Jeweils dreißig finden im Wustrower Ferienheim in der Friedrich-Franz-Straße 55 im Sommer Platz, Einheimische und »Forensen«, die zugezogenen Fremden, werden es nicht erst im NS-Regime als »Judenhaus« etikettieren.

Ein »Ghettoparadies« – zunächst

Zerronnene Erinnerungen an Heringsdorf auf Usedom

»Vor genau 22 Jahren ging unsere erste Reise hierher. Ganz jung, ganz illegitim«, schreibt Victor Klemperer am 18. August 1926 in Heringsdorf in sein Tagebuch. Damals hatten sich Eva und er gerade erst kennengelernt und mit billigen Eheringen, die keine waren und ihre Finger bleischwarz färbten, über beide Ohren verliebt nach Usedom aufgemacht. »Ich bin so alt geworden. Aber vielleicht liegen noch einmal 22 Jahre vor mir.« Es werden mehr, deutlich mehr. Und dass sich der aus Landsberg an der Warthe stammende Philologe und Romanist, der an der Technischen Hochschule Dresden eine Professur innehat, mit fünfundvierzig alt fühlt, mag seinem Hang zum Selbstmitleid geschuldet sein, vielleicht aber auch aus seiner Überzeugung herrühren, dass die nur wenig jüngere Eva begabter und alltagstüchtiger ist als er. Die Tochter eines gescheiterten ostpreußischen Landwirts namens Schlemmer, der sich früh von ihrer Mutter scheiden lässt (viel mehr weiß man von Elisabeth Hedwig Evas Eltern nicht), war Konzertpianistin und Komponistin, hat bei Walter Leistikow Landschaftsmalerei studiert, vernachlässigt aber ihre musischen Talente, schon bevor sie ihr Herz an Victor verliert. Nach ihrer Heirat 1906 verzichtet sie sogar darauf, Klavierunterricht zu erteilen. Doch immer häufiger drängt sie der Wunsch, sich wieder der Musik zu widmen und eigene Phantasien in Noten zu Papier zu bringen. Das geschieht auch, indes nur sporadisch. Eva ist für Victor da, hilft ihm bei seiner publizistischen Arbeit, begleitet ihn zu Vorträgen quer durch Deutschland und nach Wien, unterstützt ihn bei seiner

Dissertation, recherchiert und exzerpiert, tippt Manuskripte, liest Korrektur. Zum privaten Ausgleich wandern sie und gehen auf Entdeckungsreisen. Eine besondere Faszination übt neben den Alpen Bornholm auf sie aus. Mehrere Male besucht das Paar die dänische Ostseeinsel – eine »Balladenschönheit«, so Victor Klemperers Wortschöpfung in *Curriculum Vitae*, seinen 1989 erstmals veröffentlichten Erinnerungen an seine Jugend bis zum Ende des Deutschen Kaiserreichs: »Balladisch die Burgruine Hammershuus auf dem höchsten Küstenpunkt, um deren viereckigen Turm wahrhaftig zu jeder Zeit die schwarzen Rabenschwärme kreisen; balladisch die Brandung am Fuße der grotesken Felsen und in den engen Kaminen, der schmale Weg am Rand des Steilsturzes hoch über der See und dicht unter den Graskuppen mit den Steinblöcken dazwischen und den breiten Heidekrautflecken, der stille winzige Waldteich Ankermyre mit den Kaddicks, die Zypressen gleichen, und den hochstieligen rosa Clarkias und der grauen Felsplatte; balladisch die dickwandigen Rundkirchen, Burgen und Gotteshäuser in einem, die kleinen Häfen mit den schweren Fischerbooten und richtigen Segelschiffen; balladisch das ferne einsame Inselchen Frederiskö, für dessen handvoll Bewohner Bornholm fast schon das Festland bedeutet; balladisch das nächtliche Blinken des Leuchtturms von Schweden herüber und der Maulbeerbaum inmitten der nordischen Landschaft, unten in Sandvig in Klos Hotelgarten.« Klemperers laben sich an der dänischen Küche. Essen Aal, kosten Aquavit. Und: baden – am liebsten bei Wind mit hohen schäumenden Wellen. So auch später in Rauschen auf dem Samland. Und jetzt, 1926, in Heringsdorf.

Mit dem Personenzug aus dem Freistaat Sachsen über Berlin kommend, besteigen Eva und Victor in Stettin die *Odin*, jenes »weiße, elegante Schiffchen« (auf ihrer »Liebesreise« 1904 für sie noch unerschwinglich), das mit eigenem Bord-Poststempel wirbt: »Salon-Schnell-Dampfer Odin – Auf hoher See«. 1902 auf der Werft Stettiner Oderwerke AG im Auftrag der Stettiner Dampfschiffs-Gesellschaft J. F. Braeunlich für die große Küstenfahrt erbaut, wird das Schiff im Seebäderverkehr zwischen Stettin und Rügen eingesetzt. Nach dem Ersten Weltkrieg, als sich Ostpreußen in eine Exklave verwandelt und das neu gegründete Polen einen Korridor zur Ostsee erhält, ist die *Odin* im »Seedienst Ostpreußen« zwischen Pillau und Swinemünde unterwegs. Von dort geht es ohne Umsteigen weiter nach Heringsdorf.

Anlegen am Seesteg. »Dem alten. Mit den Verkaufsstellen.« Tagebuchstichpunkte Victor Klemperers vom 18. August. Klingeln im ersten besten Haus, ob eine Ferienwohnung frei sei. Leider nein. Doch schon im zweiten Haus, in der *Villa Geipel*, Lindenstraße 2, haben Klemperers Erfolg: »Zwei große Zimmer, eine Küche, eine Riesenveranda mit Vorgärtchen. Ich fragte etwas ängstlich nach dem Preis. Wöchentlich 30 M. die ganze Herrlichkeit.« In Rauschen, während der Hyperinflation 1923, musste Victor Klemperer »für Badeschuhe 60 000 M, für 300 gr Tabak 48 000, für eine Tasse Kaffee u. einen Kuchen 12 000 M« auf den Tisch blättern.

In *Griebens Reiseführer. Ostsee-Bäder* von 1924, der 19. Auflage des Klassikers, wird Heringsdorf als »seit Jahrzehnten zu den Weltbädern« gehörend vorgestellt. Größte Sehenswürdigkeit: »Die Kaiser-Wilhelm-Brücke, die sich gegen 500 m weit ins Meer erstreckt und einen Lieblingsaufenthalt der Kurgäste bildet.« Am Abend strahlt der 1891 eingeweihte Bau mit seinen spitzen Turmhelmen und Kolonnaden in elektrischem Licht. Das Modebad der Hohenzollern inszeniert sich luxuriös: mit Pferderennbahn, pompösen Residenzen,

Burgruine Hammerhuus auf der dänischen Insel Bornholm und der Dampfer Odin

Ansichtskarte aus Heringsdorf 1889

Putten und Pilastern, Freitreppen und Balustraden sowie Balkons mit freiem Blick über das Meer. Und weil Heringsdorf in dreieinhalb Schnellzug-Stunden von der Reichshauptstadt erreichbar ist, avanciert es zum »Vorort Berlins« und die ganze Insel zur »Badewanne Berlins«. Davon erzählt auch Victor Klemperer. Ob in seinem Tagebuch oder dem 1935 begonnenen *Curriculum*. In diesem Selbstzeugnis stellt der Rabbinersohn auch seine Kindheitsimpressionen mit seinen Eltern, Wilhelm und Hedwig Klemperer, geborene Frankel, auf Usedom dar: »An der Ostsee, die auf viele Jahre hinaus das einzige mir bekannte Meer blieb, gefiel mir sogleich alles: der weiße, trockene, lose Sand und der glatte bespülte dunkle Streifen, in den der Fuß nasse Spuren eindrückt; die Düne und der Küstenwald, in dem man die See hört, wenn sie dem Blick entzogen ist; sie selber in ihrer Reglosigkeit so gut wie in ihrer Bewegtheit; in ihrer grünen und ihrer grauen Färbung, in ihrem entfärbten Silber. (…) Zuerst waren wir in Warnemünde. Die Fahrt auf dem Fluß nach Rostock, der Ausflug nach Heiligendamm mit seinem Steinstrand und seinem Laubwald waren hübsche Beigaben: aber am Strand liegen und auf das Meer hinaussehen oder hineinwaten war das Schönste. Danach verblich Warnemünde vor der ungleich belebteren, wechselreicheren, typischeren Landschaft Heringsdorfs. Von Karlsbad oder Marienbad kommend, waren die Eltern in mehreren aufeinanderfolgenden Sommern mit den Schwestern und mir oder mit mir allein dort.« Die vier Mädchen Grete, Hedwig, Martha und Wally – alle älter als er. Ebenso die drei Brüder Georg, Felix und Berthold. Victor ist 1881 das neunte und letzte Klemperer-Kind (ein erstes war früh gestorben). Am Strand von Heringsdorf schluckt der zart gewachsene Victor beim Planschen eine ordentliche Portion Ostseewasser, als ihn eine Welle umhaut, was die Eltern dazu veranlasst, ihren Nachkömmling zu Hause in Berlin sofort zum Schwimmunterricht anzumelden. Amüsant in den biografischen Aufzeichnungen die erste »Promenadenfahrt mit Musik« – trotz erlittener Seekrankheit. Und tief prägt sich ein: »In Heringsdorf mit seinen eleganten Villen und Hotels, seinem gepflegten Kurplatz, seiner gepflegten Kurmusik traf sich Berlin W. Und zwar eine ganz bestimmte Schicht des Berliner Westens: die jüdische.« Nach 1918 bröckelt die »Unbekümmertheit«, die den Ferienspaß bis dahin außergewöhnlich macht: »In gleicher Nähe wie das harmlose Ahlbeck im Osten blühte jetzt das betont deutschnationale und christliche Bansin im Westen, und wenige Stunden entfernt, noch an derselben Wolliner Küste, las man in Zinnowitz am Landungssteg in Riesenbuchstaben das Plakat: ›Judenrein!‹ Die Eltern ergingen sich in dem noch ganz unbedrohten Ghettoparadies voller Behagen. Wir wohnten in keinem der teuren Logierhäuser oder Hotels an der Strandpromenade, sondern bescheiden landeinwärts, und Mutter sorgte für Frühstück und Abendbrot.«

Eva und Victor Klemperer verpflegen sich 1926 ebenfalls selbst. Gern sind sie für sich, wetteifern miteinander beim Kartenspiel Sechsundsechzig, spannen aus, vor allem Eva, deren chronisch fragile Gesundheit angeschlagen ist. Sie schwimmen viel (»E. in einem selbstgemachten zierlichen Badekostüm«), faulenzen im Strandkorb, schlemmen die »seidenblaue« Luft, und wenn sie Lust haben, tanzen sie abends im Strandkasino zu »sehr guter Jazzmusik«. Über das jüdische Badepublikum im »rituellen Heringsdorf« äußert sich der 1913 zum Christentum konvertierte und seither wie seine Frau evangelisch getaufte (wiewohl weiterhin auch jüdisch empfindende) Victor Klemperer kaum. Lediglich am Rande erwähnt er koschere Restaurants, spricht von einem

Strand und Strandpromenade – Ostseebad Bansin auf Usedom

Ostseebad Zinnowitz auf Usedom

zionistischen Apotheker und stellt die Vermutung auf: »90% aller Besucher u. Handel- u. Gewerbetreibende hier ist aus Berlin, vielleicht auch 99%. 60% davon dürften Juden sein.«

Eine erste Urlaubsbilanz am 23. August: »Regengüsse, Gewitter, Sturmstöße, Sandtreiben, dazwischen aber immer gutes Wetter, u. im Ganzen erfreulichster Zustand.« Mitte September kündigt sich der Herbst mit violetten Wolken und scharfen Böen an. Dann »wieder Milde – aber doch anders als zuvor, sozusagen nach dem ersten Schlaganfall des Sommers, ein Aufschub, ein Nachspiel.« Abschiedsfest im *Kaiserhof Atlantic* (geführt von der jüdischen Hotelfamilie Kempinski) an der Strandpromenade, bevor sie am 23. September abreisen. »Es waren 5 ½ schöne Wochen. Eva hat sich erholt, wenn sie auch nicht ganz hergestellt ist; ich hatte Erholung und konnte dabei studieren.«

Über Zoppot mit Übernachtung im *Parkhotel* kommen Eva und Victor Klemperer 1927 wieder nach Heringsdorf, wohnen wieder im selben Quartier, und wie immer stürzen sie sich noch am Ankunftstag in die Wellen. »Gleich am ersten Abend badeten wir u. gestern vor dem Frühstück u. heute vor dem Frühstück«, so der Eintrag vom 11. August. Beide freuen sich auf einen Tagestrip nach Misdroy (»da waren wir vor 23 Jahren, 1904, u. seitdem nicht wieder«). Außerdem steht das Fischerdorf Zempin zwischen Achterwasser und Ostsee auf ihrem Programm. Ein Fußweg führt von dort nach Zinnowitz. Vor dem Landungssteg flattern Hakenkreuzflaggen (ähnlich in Bansin an der Strandpromenade). Das *Zinnowitz-Lied*, ein Abklatsch jener alten Hymne aus Borkum, dem *Borkum-Lied*, wird als Souvenir auf Postkarten verkauft. »Ekelhaft, daß solche Verhetzung erlaubt ist!« entrüstet sich Victor Klemperer. Am frühen Abend legen Eva und er an Bord des Rügen-Dampfers *Deutschland* ab. »Wir stiegen gleich in den ganz kleinen Speisesaal, dem die Wellen schon an die Luke spritzten u. aßen zu Abend. Um ½ 9 waren wir damit fertig, u. um 9 lag das Schiffchen am Landungssteg Heringsdorf.« Viele graue Regentage und Evas Depressionen beeinträchtigen ihren diesjährigen Aufenthalt. Aber das Baden hellt ihre Gemüter immer wieder auf. Der 16. September ist ihr vorletzter Ferientag: »Gestern Abend klapperten wir mit den Zähnen vor Kälte, aber heute früh badeten wir doch wieder. Kalt, starker Wellengang, eine Herrlichkeit. Sind wir auch morgen noch tapfer, wie anzunehmen, dann hab ich's auf 40 Bäder gebracht (seit dem 9. August Tag für Tag) u. Eva auf 39.«

*

1930 geht es abermals nach Heringsdorf ins Stammquartier, Lindenstraße 2. »Es ist alles ›haargenau‹ wie vor 3 u. 4 Jahren, dieselbe Veranda, Wohnung etc., dieselben Gefühle des Behagens u. Unbehagens«, vermerkt Victor Klemperer am 9. August. Fast nichts habe sich verändert, nur: »Kater Bubi gealtert u. hinkend; wir auch.«

Die Schatten der Weltwirtschaftskrise reichen bis nach Usedom. Viele Gäste bleiben aus, verzichten auf eine Sommerreise. Zukunftssorgen treiben sie um. Im September stehen Reichstagswahlen an, zwei Wochen zuvor Victor Klemperer: »Das Hakenkreuz, Propaganda (skrupelloseste) für die ›Liste 9‹ zum 14. Sep., der Reichstagswahl. (Ich habe den Eindruck, als wenn sich Restaurants u. Schlachtereien hier förmlich bemühen, möglichst viel Schweinefleisch anzubieten. Wirklich und buchstäblich!).« Der Gelehrte ist ratlos, was er wählen soll. Die nach seinem Dafürhalten durchaus akzeptable Deutsche Demokratische Partei (DDP) liierte sich gerade mit dem Jungdeutschen Orden (Jungdo) zur Deutschen Staatspartei (DStP). Das Demokratische sei damit passé, »denn der Jungdo betont sein zoologisches Ariertum u. macht so den deutschen Juden heimatlos«.

In gewohnter Manier addiert Victor Klemperer die von ihm und Eva erbrachten Schwimmleistungen: »das dreißigste Bad« haben sie am Morgen des 7. September genommen, dazu rauschten »mächtige, erschütternde Wellen, wärmend – aber bei eisigem Wind«. Schlussbetrachtung am 10. September: »Wir haben hier sehr glücklich zusammengelebt. (…) Abends Vollmond aus zerrissenen Wolken über silberner See. Sehr herrlich. Ein Paar stand versunken am Brückenkopf. Nach einer Weile sagte er: ›Wat meinst du wohl, wie heute die Aale beißen müssen!‹« Am nächsten Morgen heißt es Abschiednehmen. »Frühstück u. Loslösung von H. ohne Hetze.«

Zuvor noch ein allerletztes Ostseebad.

*

Sechseinhalb Millionen Stimmen votieren bei den Reichstagswahlen am 14. September 1930 für die NSDAP und machen sie damit nach der SPD zur zweitstärksten politischen Kraft. NSDAP-Ortsgruppen organisieren in den Seebädern Aufmärsche mit Hitler-Gruß. In Heringsdorf vollzieht sich die braune Umgestaltung langsamer als anderswo. Ohne Wenn und Aber beschließt indes auch die Gemeindesitzung am 20. Juni 1935 für das einstige »Ghettoparadies«, wie eine zeitgenössische Abschrift im Landesarchiv Greifswald verrät: »Juden im Seebad Heringsdorf unerwünscht.«

Der Wind, der die Hakenkreuzfahne bläht, weiß nichts von ihr …

Auf der Kreideinsel Rügen

»Alljährlich, wenn die Schwalben wiederkehren, finden unsere Leser das gewohnte ›Verzeichnis antisemitischer Kurorte‹. Noch ist es nicht soweit. Für heute geben wir nur einen kleinen Ausschnitt, sozusagen ein hors d'œuvre à la Borkum«, spottet das *Israelitische Familienblatt* unter der Überschrift »Das Hakenkreuz in der Sommerfrische« am 12. März 1925: »Unsere Geschäftsstelle hatte zu Werbezwecken an eine Reihe von Badeverwaltungen im Reiche geschrieben und hat dabei Antworten erhalten, die für viele Leser, nicht nur für Reiselustige, höchst lehrreich sein dürften. Folgende Orte, deren besondere ›arische‹ Luft uns bis dahin unbekannt war, erklären kurz und sachlich, daß sie entweder ein ›christliches Bad‹ sind oder daß bei ihnen ›jüdisches Publikum nicht gern gesehen werde‹«. Zu diesen Orten gehört auf Rügen Lohme, jenes Fischerdörfchen mit Panoramablick zum Leuchtturm Kap Arkona und zugleich Logenplatz hoch oben an der Steilküste, rund dreieinhalb Kilometer Wanderweg durch buchengrüne Wildnis vom Königstuhl-Massiv entfernt. Ein Jahr zuvor warnt das *Familienblatt* am 29. Mai vor Besuchen von Juliusruh am nördlichen Ende der Schaabe, jenem vom Meer geschaffenen Sandhaken zwischen Jasmund und Wittow, allseits geschätzt für seinen weißen Ostseesand – einst verwendet für Sanduhren, genauer: das Stundenglas, zum Zeitmessen auf der Seefahrt.

Zu Rügen gibt es in den großen Reiseführer-Verlagen Baedeker und Grieben jeweils einen eigenen Band. Und hier wie dort erscheint dieser in ständig neuen, erweiterten Auf-

Lohme auf Rügen 1904

lagen. Die fünfundzwanzigste ist bei Grieben just 1925 erreicht, beginnend mit Rügens geografischer Lagebestimmung in der Ostsee zwischen 30° 43' und 31° 35' Länge und 54° 11' und 54° 39' Breite. »Eine Eigentümlichkeit des Insellandes ist die seltsame Verbindung von Wasser und Land. Halbinseln, Inseln, Landzungen, Vorgebirge, Buchten, Meerengen und Landseen wechseln in kurzen Entfernungen miteinander ab. Rügen besteht außer dem Hauptland aus vier größeren Halbinseln (Jasmund, Wittow, Mönchgut und Zudar), vier kleineren Halbinseln und mehr als zwanzig kleinen Inseln. Die besuchtesten Nebeninseln sind Vilm bei Lauterbach, Hiddensee an der Westküste, die Greifswalder Oie und der Ruden.« Dass Rügen ehemals mit dem Festland zusammengehangen habe, sei nicht nachweisbar, seine geologische Beschaffenheit das Werk der Gletscher während der Eiszeit. Weißdorn, Schwarzdorn und Haselstrauch säumen die üppigen Wälder. Meersenf und Sanddorn gedeihen an der Steilküste. Unter den Strandgräsern fallen das Sand-Halmgras, das Sand-Haargras und das Sand-Riedgras auf. Seltene Orchideen wie der braunrote Sitter, der blattlose Widerbart und die bleiche Korallenwurz gedeihen auf dem Kreideboden. An feuchten Stellen von Stubbenkammer ragt der Riesenschachtelhalm empor.

*

Im Frühsommer 1924 lädt der Verband Deutscher Ostseebäder e.V., Geschäftsstelle Berlin, Unter den Linden 53, eine Gruppe von Journalisten zu einer Pressereise auf Deutschlands größte Insel ein. »Der Ruhm Rügens sollte verkündet werden, unter den Juden, wie die Einladung an bürgerlichjüdische, unter den Proletariern, wie die Einladung an sozialistische Blätter bewies. Unglücklicherweise war auch ich dabei«, frotzelt Joseph Roth, der 1894 im galizischen Brody geborene Starjournalist im Berlin der Weimarer Republik und nun für die traditionsreiche *Frankfurter Zeitung* an der Ostsee unterwegs. »Man hatte nicht damit gerechnet, daß es einen Berichterstatter geben könnte, der wirklich die republikanische Gesinnung seines Blattes bekundet. So wenig hält der Ostseeverband von republikanischen Zeitungen, daß er deren Vertreter mit schwarz-weiß-roten Fahnen empfing«, offenbart Joseph Roth unter seinem Pseudonym Josephus am 8. Juli 1924 im Satire-Magazin *Der Drache* zwei Tage nach seiner Reportage in der *Frankfurter Zeitung*. Und während letztere den unverfänglichen Titel *Ostsee-Reise* trägt, rüttelt jene im *Drachen* mit der Schlagzeile *Das Hakenkreuz auf Rügen* wach: »Wir speisten in Sälen der Kurhäuser, an deren Wänden Kaiserbilder hingen. In Binz wehten zwei große Hakenkreuzfahnen von den Giebeln eines großen Strandhotels. In einer Diele, die ich betrat, begrüßte mich ein Herr Direktor mit dem Hakenkreuz im Knopfloch. Der kleine Zeitungsboy bot Hakenkreuze zum Verkaufe an. In Sellin erzählte mir ein biederer Eingesessener stolz und traurig zugleich, daß die Regierung die Tafel verboten habe, die Juden den Eintritt verwehrte.« Quintessenz: »Jüdische und republikanische Leser geraten in Gefahr, nach Rügen zu reisen. Ich warne sie davor. (…) Rügen kann völkischen Besuchern empfohlen werden. Ich tue es hiermit.« Und wovon handelt die *Ostsee-Reise*? Nach einer Aufzählung des in den Rügenschen Bädern anzutreffenden Komforts: »Sie haben Elektrizität, Gas, Wasserleitung, Telephon, Friseure (…). Man kann sich rasieren lassen, ein Telegramm aufgeben, eine Kapelle hören – und dennoch eine einsame Wanderung durch verzauberte Gegenden unternehmen und einem Fischer begegnen,

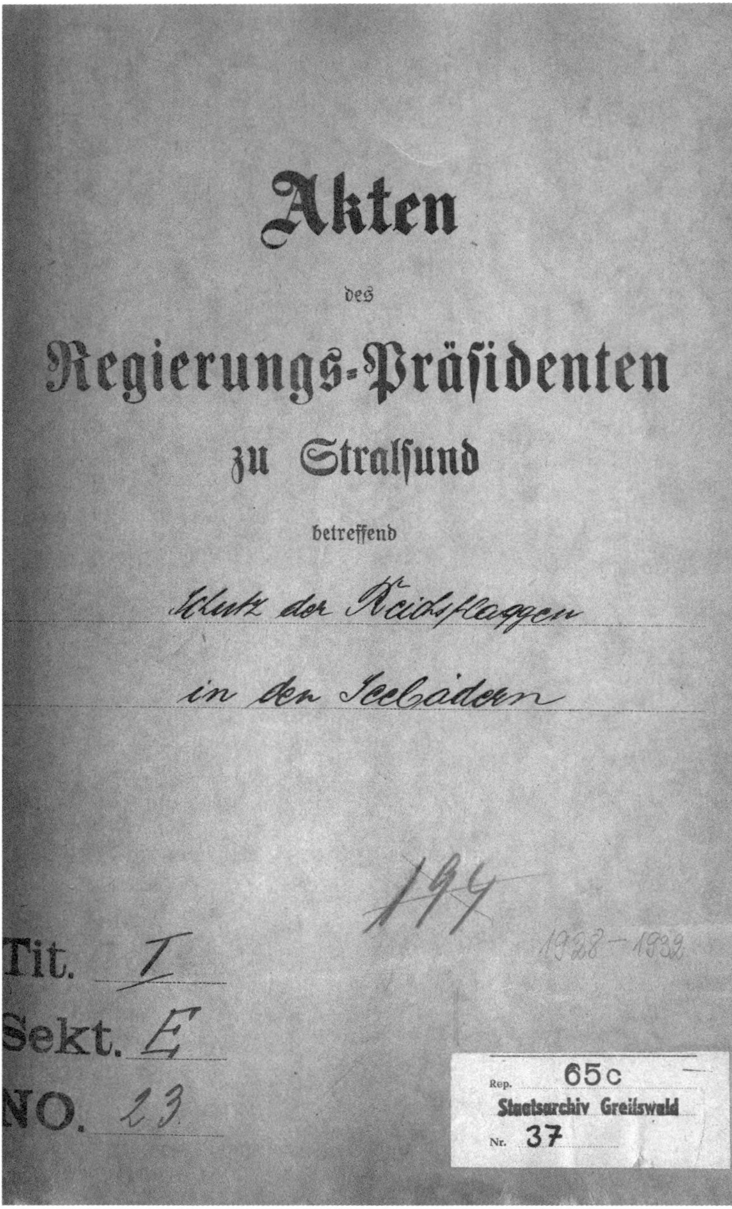

Akten

des

Regierungs-Präsidenten

zu Stralsund

betreffend

Schutz der Reichsflaggen

in den Seebädern

1928–1932

Tit. I

Sekt. E

NO. 23

Rep. 65c

Staatsarchiv Greifswald

Nr. 37

Korrespondenz zum »Flaggenstreit« im Juli 1931 auf Rügen

272

Abschrift.

Binz a/Rügen, 13.Juli 1931.

Sehr verehrter Herr Minister!

Im Namen vieler Kurgäste, die sich in dem preußischen Seebad Binz erholen wollen, ersuche ich Sie höflich und herzlich: Erlassen Sie bitte eine Verfügung, daß das Flaggen der staatsfeindlichen Hakenkreuzflagge verboten wird. Ich bin weder Jude noch Politiker, aber ich möchte mich in Preussen erholen; der Anblick dieser Hetzflagge aber wirkt erholungsverhindernd.

Mit dem Ausdruck aufrichtigster Hochachtung

ergebenst

gez. Dr. Eugen Gürster,
Berlin-Zehlendorf

z.Zt. Binz auf Rügen, Villa Waldfrieden.

277

Der Preußische Minister des Innern

I e 511.7

Berlin, den 24.Juli 1931
NW 7, Unter den Linden 72–74.
Fernsprecher: Sammel-Nrn. A 4 Zentrum 10267, 12420, 15351.
Postscheckkonto Berlin 14328 } Bürokasse d. Pr. M. d. J.
Reichsbank-Giro-Konto }
Neue Sammel-Nr. A 2 Flora 0034

O.P. Stettin
Pr.d. 26 JUL 1931

Regierung Stralsund
28 JUL 1931 Nr. 44946

Sehr geehrter Herr Doktor !

Auf Ihre Eingabe vom 13.d.M. erwidere ich nach Prüfung des Sachverhalts, daß für polizeiliche Zwangsmaßnahmen gegen die in Ihrer Eingabe erwähnten Mißstände eine Rechtsgrundlage nicht besteht. Derartige Mißstände lassen sich erfolgreich nur im Wege freier Vereinbarung der Bäder untereinander beseitigen, wie dies in anderen Landesteilen auch bereits geschehen und für die Bäder auf Rügen in Aussicht genommen ist.

Mit vorzüglicher Hochachtung !
gez.Severing.

An Herrn Dr.Eugen Gürster aus Berlin-Zehlendorf, zurzeit Bin a/Rügen, Villa Waldfrieden.

Abschrift übersende ich unter Bezugnahme auf Ihren Bericht vom 18.d.M.- P 1 - zur gefälligen Kenntnisnahme.

gez.Severing.

Beglaubigt.

An
den Herrn Regierungspräsidenten
in Stralsund.

der aus einem Märchen gestiegen ist«, fasst Joseph Roth, der 1933 nach Paris flüchten wird, seine Inseltour zusammen. Erste Station: Binz. »Poetisch veranlagte Naturen und geschickte Reklamefachleute nennen es: ›Das nordische Sorrent‹. Es hat 20 Hotels und 200 Mietvillen und eine 2 Kilometer lange Strandpromenade, von Schminke, Puder, Atropin, Tennisschlägern und Bügelfalten, Likördielen und Angeheiterten bevölkert; ein Kurhaus mit Tanzgelegenheiten für Smokings und Abendtoiletten; und sogar Hakenkreuzfahnen.« Zweite Station: Saßnitz. »Es liegt in einem Talkessel, durch buchenbewachsene Hügelketten gegen Norden geschützt, und in der Nähe ist Stubbenkammer, zu Fuß in etwa 2 Stunden zu erreichen. Der Sand- und Lehmboden wird hier durch Kreide abgelöst. Hier ist das Land der alten Seeräubersagen.« Und überall wähnt man Seejungfern, die sich, in Nebelgewänder gehüllt, Wesen ohne Fischkörper in der Regel nicht zeigen. Nächste Stationen: Sellin, Baabe, Göhren, Thiessow, Putbus und Lauterbach. »Hier tragen die Kellner weniger steife Hemdbrüste, und die Wirte sprechen plattdeutsch. Hier gackern die Hühner auf den Straßen, und eine schöne Frau darf im Bademantel durch die Stadt wandern.« Die Inselbevölkerung sei nicht »hakenkreuzlerisch von Natur« aus. Was sich an völkischem Dunst über Farne und Sonnentau, Purpurknabenkraut und Frauenschuh legt, würde »gewaltsam« von den Gästen auf die Insel transportiert. »Das Meer aber ist ewig, rein und unberührt von dem kindischen und grausamen Spiel der Menschen. Man sieht in die weite Unendlichkeit aus Himmel und Wasser und vergißt. Der Wind, der die Hakenkreuzfahne bläht, weiß nichts von ihr. Die Welle, in der sie sich spiegelt, kann nichts dafür, daß sie entweiht wird.«

*

Exakt ein Jahrzehnt vor Joseph Roths Rügenreise stellt die *Illustrierte Reise- und Bäderzeitung. Offizielles Organ des Rügenschen Ostseebäder-Verbandes e.V.* in ihrer Juni-Nummer heraus: »Luft und Licht! Sonne und Luftbad, wo gibt es das besser als in den Rügenbädern und ihrem leicht durchwärmenden, meist feinsandigen Strand. Die klare Luft läßt das Sonnenlicht scheinen wie durch Kristall. (...) Luft, Licht, See und Wald vereint, das bieten alle Rügenbäder in köstlicher Vielseitigkeit im Rahmen einer herrlichen Inselnatur, einer üppigen Nordlandssommervegetation. (...) Rügenbäder haben vor vielen das Schönste voraus.«

*

Gegen die Grundsteinlegung für das monströse »Seebad Rügen« in Prora am 2. Mai 1936 können Luft und Licht nichts ausrichten. Ebenso wenig gegen den im Herbst fertiggestellten Rügendamm aus Krupp-Stahl, Eisen und Beton, über den Zigtausende künftig von Stralsund nach Rügen befördert werden sollen, um sich in der NS-Gemeinschaft Kraft durch Freude (KdF) ihr persönliches Urlaubsglück zu holen.

Wichtigste Fährverbindungen von Saßnitz:
nach Trelleborg, Stettin und Bornholm

Asta Nielsen vor ihrem Karusel *um 1930*

Ob die Möwen in Vitte manchmal an mich denken?

Ade Hiddensee!

Wie ein Seepferdchen in seinen Konturen und von der Schöpfung mit Bernstein, Hühnergöttern und Sanddorn (oder auch Seedorn) überreich beschenkt: das ist Hiddensee – hinter den großen Schwestern Rügen, Usedom, Fehmarn, Poel und Ummanz die kleinste deutsche Ostseeinsel (gefolgt von über dreißig noch kleineren, aber nicht für den Reiseverkehr bestimmten). Nennenswerte Gästezahlen verzeichnet das von der Sonne verwöhnte »Länneken« erst um 1911/12. Von Anfang an machen sich Naturanbeter, Kunst- und Kulturschaffende jedweder Couleur auf den Weg, im Zentrum der Aufmerksamkeit: der Literaturnobelpreisträger Gerhart Hauptmann, der in Kloster zunächst im *Haus am Meer*, später in seinem eigenen *Haus Seedorn* Inselkönig spielt. Schon bald schnellen die Gästezahlen auf über dreitausend hoch. Die besten Verbindungen vom Festland zur Dornbuschinsel bestehen von Berlin, Stettin und Hamburg per Eil- und Schnellzug nach Stralsund. Im Hauptbahnhof der backsteingotischen Hansestadt übernehmen Gepäckträger für ein paar Groschen Koffer, Körbe, Klappstühle und Staffeleien, um sie hinter dem Alten Markt durch die Fährstraße zur Fährbrücke im Nordhafen zu befördern, wo die Dampfer nach Hiddensee warten. Auch Asta Nielsen liebt die »Oase in der Ostsee« mit dem Strand auf der einen und dem Bodden auf der anderen Seite, dem Leuchtturm auf dem Dornbusch im Norden und dem Gellen, der Landzunge im Süden. »Schon die Reise dorthin schien mir wie ein Märchen. Welch beschwingtes Gefühl ich hatte, wenn ich an einem strahlenden Maientag durch das reizende, gemütliche, provinzielle Stralsund bummelte und die letzten Einkäufe für den Haushalt machte, ehe das Schiff mich über das blaue Wasser weiterbrachte, wo die Möwen uns während der zweistündigen Überfahrt zu Hunderten begleiteten. Eine halbe Stunde, bevor wir anlegten, konnte ich bereits mein rundes Paradies entdecken« – das *Karusel*, schwelgt die dänische Stummfilm-Diva in ihren Lebenserinnerungen, verfasst in Kopenhagen. Dorthin kehrt sie aus ihrer Berliner Wahlheimat zurück, als SA-Staffeln zunehmend bedrohlich auf dem Asphalt dröhnen und gegen das Trommelfell hämmern »wie das Echo einer noch nicht allzu fernen Zeit. Man zitterte vor Angst. Man begriff.«

1928 erwirbt Asta Nielsen das von dem Berliner Architekten Max Taut 1922 für einen prominenten Hiddenseegast in Vitte entworfene Sommerhaus. Die Glanzzeit des Stummfilms, die für die in sorgenschweren Verhältnissen aufgewachsene Schauspielerin mit dem Streifen *Abgründe* (1910) beginnt und ihr Weltruhm beschert, wird durch den Tonfilm abgelöst. Ihre letzte Rolle spielt sie mit Mitte vierzig in *Das gefährliche Alter* (1927) nach dem gleichnamigen Roman der aus Ost-Jütland stammenden Karin Michaëlis.

Asta Nielsen bleibt auf Hiddensee oft mehrere Monate, wo sie »unter einem unfaßbar hohen und blauen Himmel, in Licht und Farben getaucht, die hier noch leuchtender waren als an anderen Orten des Nordens«, unvergessliche Ruhepausen genießt. »Im Schilf vor meinen Fenstern wachten die Reiher regungslos und reckten den Schnabel senkrecht in die Höhe, wenn sich jemand näherte. Die Nordseite der Insel endete in hohen, bewachsenen Steilufern, die sich an eine wogende Landschaft von Hügeln anschließen, die Seite an Seite wie mächtige Elefantenrücken ruhen und den Gedanken auf ein ausgetrocknetes Meer lenken, wenn sie nicht von

Der 1888 in Betrieb genommene Leuchtturm Dornbusch auf Hiddensee

Blick auf das Fischerdorf Neuendorf und die Steilküste am Dornbusch

knallrotem Mohn, blauem Fuchsschwanz oder gelbblühendem Ginster bedeckt sind. Schafherden tauchten plötzlich aus den Tälern auf, und es konnte geschehen, daß gegen Abend ein Fuchs durchs welke Gras strich und im Walde verschwand, wo die Eulen ganz still saßen und furchtlos aus den duftenden Tannen herunterblickten, deren Kronen, vom Sturm gebeugt, alle in eine Richtung zeigten. Die Südspitze von Hiddensee ist ganz flach und spitz, mit herrlichem Sandstrand und dem hübschesten kleinen Dorf, dessen Häuser in weißen Reihen auf grünen Wiesen stehen.« Im *Karusel* geht die Hiddenseer Boheme ein und aus, flirtend und fachsimpelnd am Kamin und um die Kupferbowle herum – Inselgäste vornehmlich aus der Leinwand- und Theaterwelt. Außerdem »Muschelkalk«, Leonharda, die Ehefrau von Spaßvogel Joachim Ringelnatz. Und natürlich er selbst, der Erfinder von Seemann Kuttel Daddeldu. »Ringelnatz sagte in Matrosenuniform eigene Gedichte auf, mit einem vollen Glas in der Hand. Bei seinem Auftreten schimmerte mir von seiner nackten Brust ein blaugemaltes, von einem Pfeil durchbohrtes Herz mit meinem Namen entgegen, und über diese Brücke, die er mit seinem stummen Gruß zu mir schlug, fand meine Begeisterung bald den Weg zu ihm«, bekennt Asta Nielsen in ihren Erinnerungen.

*

Die als die Goldenen in die Geschichte eingegangenen Zwanziger nach der Inflation bringen Hiddensee wie den meisten Ostseezielen einen bis dahin nicht gekannten Gästestrom. Dies nimmt der Verband Deutscher Ostseebäder e.V. in seinem Jubiläumsjahr 1925 zum Anlass, eine eigene, monatlich erscheinende Zeitschrift zu kreieren: *Die deutsche Ostsee.*

Das Titelblatt der ersten Ausgabe im April zeigt das neue Verbandsplakat – die Ostseeküste künstlerisch in Gold getaucht. »Und vor diesem goldigen Gestade, da blaut die Farbe der Sehnsucht«, erläutern feierliche Worte im Editorial. Die Rubriken kommen wie eine frische Brise daher: Unter »Strandkunst« wird von Sandburgenwettbewerben erzählt, unter »Seespritzer« von Schifffahrtsgesellschaften in den USA, die »lebhafteste Propaganda« für die deutschen Ostseebäder machen, im »Fischzug durch die moderne Literatur« versammeln sich Buchbesprechungen. Eine Extraseite zeigt Strand- und Bademode, »vielfach kurze und tief ausgeschnittene Modelle«, produziert in den Werkstätten des Berliner Modehauses F.V. Grünfeld mit seinen Geschäften in der Leipziger Straße und im Bauhausstil am Kurfürstendamm: »Bademäntel werden aus weichem, seidig glänzendem Frottéstoff gearbeitet, oft in Kape-, oft in Mantelform. (…) Badekappen wird man im kommenden Sommer in einer unendlichen Fülle sehen; Troddeln und Quasten werden sie zieren. Als Neuheit in Badeschuhen sahen wir solche aus imprägniertem Gummistoff.« In der Strandmode falle »ein starkes Bedürfnis nach Farbenfreudigkeit und nur edlen Stoffen« auf, nach den Entbehrungen der Nachkriegsjahre kaum verwunderlich. Dass dem Inhaber des jüdischen Unternehmens 1933 die Vize-Präsidentschaft der Berliner Industrie- und Handelskammer aberkannt und seiner »deutschen« Kundschaft in Flugblattaktionen die Veröffentlichung ihrer Namen mit Wohnort, Straße und Hausnummer im Krawallblatt *Der Stürmer* angedroht wird – davon ist im Bericht der Ostseeverbandszeitschrift nichts zu erahnen. Ungetrübt auch im Mai 1925 das Echo auf die Modenschau im Berliner Traditionshaus. Höhepunkt: »Die lebendig gewordene Badenixe, die ein schuppenartiges, aus weißem und schwarzem Flor

Heft Nr. 1 / Jahrgang 1925

April 1925

Die deutsche Ostsee

Herausgeber: Dr. G. R. Uderstädt, Berlin SW 68 / Verlag: Berliner Aktiengesellschaft für Druck u. Verlag (Ernst Rubien), Berlin SW 19

Preis des Heftes 20 Pf.
Jahresabonn. 4,50 Mk.

Illustrierte Zeitschrift für die Freunde der Ostsee

Auf! An die deutsche Ostsee!

Das neue Werbeplakat des Verbandes deutscher Ostseebäder.

Deckblatt des Magazins Die deutsche Ostsee *1925*

gebildetes Gewand trägt.« Am Strand von Hiddensee tauchen solche Nixen eher selten auf. Die Insel steht für Einfachheit. »Kein lästiger Toilettenzwang, wie er in so manchen Badeorten sich nicht umgehen läßt, sondern ein erquickendes, strumpf- und hutloses Retour à la Nature«, so *Die deutsche Ostsee* in einem Hiddensee-Artikel im September 1927. »Hier gibt es kein Kurhaus, keine Jazzband, keine Preistänze und Schönheitskonkurrenzen. Nicht einmal ein Kino! Man kann sich also erholen!«

Trotz der freigeistigen Atmosphäre, die dem neunzehn Quadratkilometer messenden Eiland das gewisse Etwas verleiht, regen sich auch hier antisemitische Bestrebungen, manifestieren sich gar Schwarz auf Weiß: »Juden finden keine Aufnahme!« tönt es aus dem Badeprospekt von Vitte bereits 1922. Die Malerin Henni Lehmann, Initiatorin und Vorsitzende des eben gegründeten Hiddenseer Künstlerinnenbundes, reagiert wie viele bestürzt und bemüht sich um die Zurücknahme jenes Affronts, indem sie einen entsprechenden Antrag beim Gemeinderat stellt. Ohne Erfolg. Die damals Sechzigjährige aus der Berliner Arztfamilie Strassmann ist selbst jüdischer Herkunft. 1888 heiratet sie den jüdischen Rechtswissenschaftler Karl Lehmann, der noch im selben Jahr einen Ruf an die Universität Rostock erhält. 1907 lassen sich Lehmanns in Vitte eine Sommervilla bauen und führen ein offenes Haus: für Freunde und Verwandte, für Musik- und Leseabende. Die auch in der SPD aktive Henni Lehmann, die außerdem Romane und Gedichte schreibt, engagiert sich auf der Insel im Naturschutz und gehört zu den Gründungsmitgliedern der Genossenschaftsreederei. Herzstück ihres Wirkens bleibt bis zum Beginn der NS-Herrschaft die *Blaue Scheune* neben ihrem Sommerdomizil. In dem von ihr selbst gestalteten Kleinod mit Atelier und Galerie stellen die häufig anreisenden

Malerinnen Clara Arnheim, Käthe Loewenthal und Julie Wolfthorn (wie Henni Lehmann alle jüdischer Herkunft) ihre Gemälde und Aquarelle, Zeichnungen und Grafiken neben den Werken anderer Künstlerinnen aus. Ihre schillernden Biografien stellt die Germanistin und Theaterwissenschaftlerin Marion Magas in *Wie sich die Malweiber die Ostseeküste eroberten* (2008) dar. Dabei geht die Inselkennerin und Inselführerin, die selbst auf Hiddensee lebt, auch auf die jeweiligen Unterkünfte ein: Clara Arnheim, drei Jahre jünger als Henni Lehmann, der sie als Co-Vorsitzende und Schriftführerin im Künstlerinnenbund zur Seite steht, logiert in Vitte meist bei Bäckermeister Schultz, wo sie willkommen ist (was dem Gemeindrat missfällt, aber man möchte keinen Zwist). Käthe Loewenthal, Jahrgang 1878, wohnt in Vitte bei ihrer Schwester Susanne, die ebenfalls der Malerei frönt und dort seit 1912 eine Fischerhaushälfte besitzt. Julie Wolfthorn ist gern gesehener Gast bei ihrer Freundin Anna Muthesius, der Pionier-Designerin weiblicher Reformkleidung. Und auch sie, vor ihrer Ehe »Fräulein Trippenbach«, hat seit 1912 in Vitte einen Sommersitz. Unterstützt von ihrem Mann, Hermann Muthesius, einem der führenden Köpfe im Deutschen Werkbund e.V., betreibt sie in dem gemeinsam umgebauten Fischerhaus einen literarisch-künstlerischen Salon, rege besucht vom illustren intellektuellen Inselpublikum.

Ob Käthe Kollwitz, die insbesondere Clara Arnheim aus dem Verein der Berliner Künstlerinnen e.V. näher kennt, auf ihrer Hiddensee-Reise 1927 einen Blick in die *Blaue Scheune* wirft? Seit über einem Jahrzehnt beschäftigt sich die Bildhauerin, die 1919 als erste Frau in die Preußische Akademie der Künste aufgenommen wird, mit dem Vorhaben eines Mahnmals für Peter, ihren gefallenen Sohn. Im Tagebuch wiederholt sich: »Immer derselbe Traum (...), daß er lebte und wiederkäme.« Käthe Kollwitz fühlt sich wie gelähmt, ihre Arbeit stockt, über Wochen, über Monate, sie entwirft und verwirft, quält sich mit Selbstzweifeln. Welch ein Glück da die Auszeit auf Hiddensee (wie schon 1922 mit ihrer Schwester Lise und Schwager Georg, dem Ingenieur aus der jüdischen Familie Stern in Königsberg): »Vom 11.–22. August 1927 sind wir in Vitte auf Hiddensee mit den Kindern zusammen und das ist wundervoll. Tag für Tag.« Seeluft, wonach Käthe Kollwitz immer Fernweh hat, mit Karl, Schwiegertochter Ottilie und Hans, den vierjährigen Zwillingen Jördis und Jutta sowie dem kleinen Peter Kollwitz, sechs Jahre alt.

*

Im August 1930 reist Mascha Kaléko nach Hiddensee. Allein. Wohl, um einen dicken Strich unter eine Liebelei zu ziehen. Die Dreiundzwanzigjährige ist verheiratet. Vielleicht zu früh. 1926 begegnet sie, die damals als Stenotypistin Mascha Engel im Arbeiterfürsorgeamt der Jüdischen Organisationen Deutschlands in Berlin-Mitte ihr Brot verdient, dem Philologen und Hebräisch-Experten Saul Aaron Kaléko. Er ist sieben Jahre älter als sie und von eher schüchternem Naturell. Saul hängt an Mascha, aber das Juni-Kind gleicht einem Schmetterling, der sich nur ungern einfangen lässt. Und wo immer sich die bald geradezu hymnisch verehrte Lyrikerin aufhält, bringt sie Verse zu Papier, Verse zum Alltag. Auch auf Hiddensee. Doch so richtig will es nicht funktionieren. »Am Tage liege ich im feinen gelben Sand und lasse mich von der Sonne durchglühen. Es gibt auch einen kleinen stillen Wald mit einsamen Wegen. – Aber nein, das ist das Beste, so in Sand und Sonne zu liegen. Allein und an nichts denken … Abends stehe ich im Hafen herum, mitten unter alten Schiffern, und

Mascha Kaléko 1930 auf Hiddensee

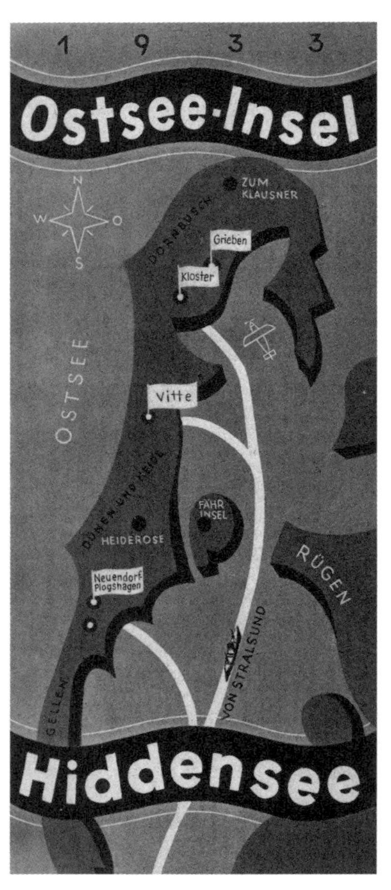

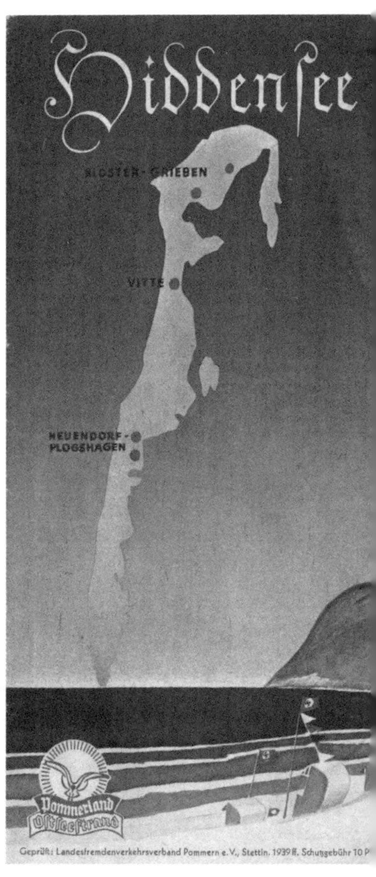

Hiddensee-Prospekte von 1933 und 1939

sehe zu, wie die Leuchttürme vom anderen Ufer buntaufflammende Funken über das Wasser schicken. Schön ist die Nacht am Meer mitten auf der alten Mole oder allein auf einsamen Dünen. Die geflickten Fischernetze schaukeln leise im Wind, und es riecht ganz entfernt nach feuchtem Tang. Hier und da fallen mir ohne jeden Zusammenhang ein paar Verse ein, – aber es wird nichts ... Seit Stunden und Stunden regnet es. Bleigraue Nebelwolken kriechen aus dem Wasser und hüllen das ganze Dorf ein. Ist die Sonne ertrunken? Es war ein langsames Abschiednehmen in den letzten Tagen. Ganz tot liegt der Strand da, und auch die paar jungen Leute aus der benachbarten Kleinstadt, die noch gestern in ihren bunten Strandkostümen Badegast spielten, sind heute früh abgereist. Ja, nun wird es wohl Herbst werden, sagen meine Wirtsleute. (...) Bald werden die Blätter fallen. Eine leise Traurigkeit kommt schon jetzt über die Menschen. Ich habe Angst vor dem Herbst ...« Eine Passage aus Mascha Kalékos Prosastück *Leises Sommer-Finale*, das ein Jahr nach ihrem Erfolgsdebüt *Das Lyrische Stenogrammheft* (1933) im Berliner Rowohlt Verlag in *Kleines Lesebuch für Große. Gereimtes und Ungereimtes* erscheint. Erst jetzt sickert in den NS-Behörden durch, dass die Autorin Jüdin ist. 1935 erhält auch Mascha Kaléko Publikationsverbot.

Um diese Zeit ist Hiddensee nicht mehr Hiddensee. Zahlreiche jüdische Badegäste, treue Stammgäste zumeist, haben Deutschland den Rücken gekehrt und sind emigriert: der passionierte Ostseesegler Albert Einstein, der Dirigent Otto Klemperer, ein Vetter von Victor Klemperer, der Verleger Fritz Landshoff, der Architekt und Wiener Psychoanalytiker-Sohn Ernst Ludwig Freud mit seiner Frau Lucy und ihren drei Söhnen, Stephen, Lucian und Clement, ebenso Friedrich Hollaender. 1932 erlebt der Kabarettist, Chanson-

Foto vom Strandleben im Hiddensee-Prospekt 1939

texter und Revuekomponist in seinem letzten Hiddenseesommer, dass alle vertrauten Gesichter »wie auf Verabredung« noch einmal da sind. »Auch eine Horde von ›Halbstarken‹ ist da – wie auf Verabredung –, die Camping macht und kleine Hakenkreuzfähnchen in den Sand bohrt«, so der Insel-Star in seinen Memoiren *Von Kopf bis Fuß. Revue meines Lebens* (1965), »liebes, verlorenes Hiddensee!«

Wehmut erfüllt Asta Nielsen: »Nirgends war man so jung, so froh und so frei wie auf dieser schönen Insel. Aber, ach, bald hatten wir 1933, und die Stimmung wandelte sich.«

*

Gerhart Hauptmann sorgt dafür, dass nach der nationalsozialistischen »Machtergreifung«, als er sich in Rapallo aufhält, am *Haus Seedorn* eine Hakenkreuzflagge gehisst wird. Der Hiddenseer Künstlerinnenbund löst sich auf. Die jüdischen Malerinnen sind auf der Insel weithin verfemt (selbst wenn sie keiner jüdischen Religionsgemeinschaft mehr angehören). 1934 sieht sich Henni Lehmann gezwungen, die *Blaue Scheune* zu verkaufen, bald darauf ihr Sommerhaus. Ade Hiddensee! Auch Asta Nielsen verabschiedet sich.

»Das Wetter zeigt große Beständigkeit, und Landregen sind im Vergleich zum Festland selten«, versichert der neue Inselprospekt, bebildert mit fröhlichen Strandfotos – für das sich bräunende oder bereits braune Badepublikum.

»Ob die Möwen in Vitte manchmal an mich denken?«, fragt sich Asta Nielsen nach dem Untergang des Rassenwahns in ihrer dänischen Heimat. Nie wieder kehrt sie in ihr rundes Paradies auf Hiddensee zurück.

Kein Sonnenschein

In Prerow auf dem Darß

»Es ist einer der landschaftlich schönsten Badeorte und hat einen Badestrand, der an der ganzen Ostseeküste seinesgleichen sucht«, befindet der *Führer durch die Badeorte des Verbandes Deutscher Ostseebäder* (1929) zu Prerow auf dem Darß. Unerwähnt bleibt in diesem wohlmeinenden Superlativ, dass das »freundliche Dorf« schon zu jener Zeit stolz seinen »anerkannt nationalsozialistischen Charakter« unterstreicht. Einheimische wie Gäste begrüßen sich nicht selten mit »Heil-Rufen«, schreibt Frank Bajohr in *»Unser Hotel ist judenfrei!« Bäder-Antisemitismus im 19. und 20. Jahrhundert* (2003). Der Historiker und wissenschaftliche Leiter des Zentrums für Holocaust-Studien am Institut für Zeitgeschichte in München befasst sich in seinem Buch mit Bädern und Kurorten allgemein (auch international), wobei jene an der Ostsee einen breiten Raum einnehmen. Zur »Nazi-Hochburg Prerow« im pommerschen Regierungsbezirk Stralsund stellt er heraus: »Hier hatte die Hakenkreuzfahne schon seit 1927/28 die Flaggen des Kaiserreichs und der Weimarer Republik verdrängt.« Prerow ist die Sommerresidenz des Berliner Gauleiters und Reichspropagandaleiters Joseph Goebbels, dem »Herrscher der Berliner Nationalsozialisten«, wie es die *C.V.-Zeitung* am 26. Juli 1929 in einem Prerow-Porträt formuliert: »30 Hakenkreuzfahnen wehen am Strande, fast die Hälfte davon auf Goebbels' Burg. Dort ›empfängt‹ er.«

Die NS-Dominanz im bald stark frequentierten KdF-Ostseebad mit straff organisiertem Kdf-Sport am Strand, geht dem Maler und Grafiker George Grosz gehörig auf die Ner-

Windflüchter auf dem Darß

ven, als er 1931 mit seiner Frau Eva und den beiden kleinen Söhnen, »Pedropips« und Martin, für acht Wochen nach Prerow reist. Die Ostseeküste ist ihnen aus vielen Ferien vertraut: Hiddensee, Sohrenbohm, Leba, Wustrow, Ahrenshoop. Und nun also Prerow mit seinem urwüchsigen Weststrand, wo sich einsame Windflüchter gegen den Sturm stemmen, die Meeresströmung Sandland raubt und es am Darßer Ort wieder ausspuckt. Eva und George wandern durch den von Dünenwällen und Strandseen durchzogenen Darßer Wald, machen Fahrradtouren in die Boddendörfer Wieck und Born und tanken Sonne am Badestrand. »Die Entspannung ist nach Berlin wundervoll. Ohne Heck-Meck einfach knorke«, begeistert sich der unlängst wegen Beleidigung der Reichswehr und in einem anderen Prozess wegen Gotteslästerung vom Berliner Landesgericht Angeklagte am 28. Juli in einem Brief an seinen dadaistischen Mitstreiter und Schwager Otto Schmalhausen, Ottche, verheiratet mit Ettol, Evas Schwester Lotte. Trotz aller Wonnen aus Strandgutsammeln, Donnerkeilsuchen und Sandschippen lässt sich der Goebbelssche Machteinfluss in Prerow nicht übersehen. Wer sich den Braunhemden nicht beugt, muss mit dem Schlimmsten rechnen. Der jahrelang brodelnde »Flaggenstreit« ist fast am Überkochen. »Viele, teilweise sinnig verzierte Burgen überall. Alles aus Sand oft mit politischen Ornamenten, selbstredend niemals republikanisch. Schwarz-rot-mostrichfarbene Fahnen zählten wir ganze zwo ... die auch noch schämig versteckt aufgehängt zwischen allerlei andersfarbenem Wimpelkram. Ne schöne Republicke das, kann man wohl sagen. (...) Ich teile es nur mit, weil es hier für unsere Ostseebäder, jedenfalls die, die hier herum liegen, so typisch ist. Zu dammlich. Juden werden hier ›nicht gern gesehen‹ ... tatsächlich sieht man denn auch kaum welche, ... sieht man dann mal wirklich welche, so kucken sie einem aus befangenen Augen leicht wie um Vergebung kummervoll flehend an (...). Einfach lächerlich dieser deutsche Fahnenzauber.« Aber nicht zum Spaßen. Beim Zeichnen typischer Figuren der Kategorie »spießiger deurrtscher Mittelstand« in seine Prerower Skizzenbücher schnappt George Grosz »judenvernichterische Reden« auf und schreibt seinem Freund Ete, dem Kunsthändler Eduard Plietzsch, am 23. August: »In Sandornamenten und poetisch mit sorgsam sortierten Muscheln gelegt oder aus distligen Dünenblümchen liest Du da: Heil Hitler, Trutzburg, Juda verrecke, Deutschland erwache, Braunes Haus, Hittler sei's Panier, Jung-Siegfried. Zu den drei Deutschen usw. alle politischen Schlagworte fi. zndest Du vor. Natürlich nur die rechten, versteht sich. Und das, was Spiel sein soll, nämlich Sandburgen zu bauen, ist plötzlich heilige Funktion, fehlt noch, und dahin kommts sicher, dass man durch Verbeugen und Hosennaht Gruss diese Kulturbauten ehren muss. Toll das. Denn hinter all dem steht ein schauerlicher tierischer gläubiger Ernst, was man keineswegs übersehen darf. Wehe dem Ungläubigen, der da etwa eine hörbare Bemerkung machen würde.« Auch Otto Schmalhausen erhält am 23. August 1931 von George Grosz Post. Der Report des »Ostseeferienfahrers« fällt unterm Strich verhalten aus: »weites unversautes Meer, Tannenduft abends im Walde und interessante Urwaldpartien im Prerower Naturschutzpark. Na gut.«

*

Die Haltung jüdischer Organisationen auf die »schwere seelische Not des Judenhasses« wird deutlich besorgter und mahnender. Und während die ersten Warnlisten zu antisemitischen Bädern noch überschaubar sind, sprengen sie für

Nordstrand von Prerow und Ansichtskarte um 1937

Leuchtturm Darßer Ort am nordwestlichen Zipfel der Halbinsel Fischland-Darß-Zingst

einen Abdruck auf wie bisher zwei, drei Seiten nun jeden Rahmen. 1930 gibt die *C.V.-Zeitung* daher Bäderbeilagen heraus, ergänzt von speziellen Verzeichnissen (wie auch im *Israelitischen Familienblatt*) zu »NSDAP-Verkehrslokalen«, um jüdische Gäste vor bösen Überraschungen zu bewahren. Im Herbst 1931 macht die Redaktion einen »Aufruf an die Ostseebesucher 1931!« zur Auswertung der abgelaufenen Sommersaison: »Wir haben eine Reihe von Zuschriften und mündlichen Nachrichten erhalten, die beweisen, dass wir mit dem energisch betriebenen Kampf gegen die Unwürdigkeiten in deutschen Bädern auf dem richtigen Wege sind. (...) Dieser Kampf muss aber weitergehen, um Erfolg zu haben. Wir bitten daher alle unsere Freunde und Freundinnen, die sich im Jahre 1931 in Ostseebädern aufgehalten haben, uns mitzuteilen: 1. welche schlechten Erfahrungen sie auf unserem Gebiete gemacht haben und in welchem Bade, 2. welche guten Erfahrungen sie gemacht haben und in welchem Bade.« Anders als geplant, fließen die eingehenden Berichte nicht in weitere Beilagen ein. Stattdessen werden sie für den kostenlosen Reisedienst genutzt, den der Central-Verein Mitte Juni 1932 einrichtet. Dieser soll persönlich zugeschnittene Auskünfte zu Orten und Unterkünften im Hinblick darauf erteilen, »ob sie als judenfeindlich angesehen werden müssen, oder ob sie jüdischen Gästen hinreichenden Schutz vor Belästigungen aus politischem Gründen bieten«. Aus Vorsicht erfolgt dies nur über schriftliche Anfragen und »unter Beifügung von Rückporto«. Ausspäher lauern überall, um ihre Häme in braunen Blättern wie *Angriff, Flamme, Diktatur* und *Völkischer Beobachter* zu vervielfältigen.

Besinnung auf das gemeinsame jüdische Schicksal und ein engeres Zusammenrücken, lautet in den letzten Jahren der Weimarer Republik die Botschaft zahlreicher Kommentare und Momentaufnahmen in jüdischen Publikationen. Anknüpfend an die Anfänge des C.V., greift die fünfunddreißigjährige Historikerin Eva Reichmann die Losung »Wehrt Euch!« auf und führt dazu am 1. Juli 1932 in der *C. V.-Zeitung* aus: »In dieser Zeit des Judenhasses und der Judenverfolgung, der Erniedrigung und des Irrewerdens an der eigenen Seele muß es eine weithin sichtbare Stelle geben, an der man sich wehrt. (...) Wer zu Schmähungen und Drohungen still bleibt und sich duckt, (...) nimmt Schaden an seiner Seele. (...) Erst die Sammlung aller Abwehr- und Aufbaukräfte im Central-Verein stählt die Widerstandskraft jedes einzelnen, gibt das Gefühl des Zusammenhalts.« Das alles kostet Geld. Und so bringt der Verein, in dem sich Eva Reichmann bis zu dessen Verbot 1938 und ihrer anschließenden Emigration nach London engagiert (wo sie später die Wiener Library leiten und als Übersetzerin für den Abhördienst der BBC tätig sein wird), plakatartige Anzeigen heraus: »Wir müssen dem Judenhass, der überall heftiger denn je auflodert, einen breiten Damm entgegenwerfen (...). Nie war eine Arbeit, die wie unsere Arbeit gegen Hass und Hetze, gegen Unrecht und Verkennung gerichtet ist, auf die Dauer vergeblich. Immer reiften Früchte, wenn nicht heute, so in einem besseren Morgen. (...) Wo Ihr auch wohnt, was Ihr auch seid. WIR sind Eure Kampfgemeinschaft! Zu UNS gehört Ihr! HELFT! OPFERT! Keiner fehle unter den Spendern für unseren KAMPFFONDS 1932.«

Einen indirekten Schulterschluss bietet hier der Deutsche Bäderverband e.V. auf seiner Generalversammlung im Herbst 1932, wo ein Repräsentant die »von jedem Gesichtspunkt aus verwerfliche antisemitische Hetze, die eines großen Kulturvolkes unwürdig« sei, vehement verurteilt und auf die finanziellen Einbußen im Fremdenverkehr nicht zuletzt auch durch die Absagen ausländischer jüdischer Gäste hinweist. Nichtjüdische Gäste erregen sich ebenfalls und protestieren bei Badeverwaltungen beispielsweise gegen »Stürmer-Kästen«, die zum Lesen jenes »Deutschen Wochenblatts zum Kampfe um die Wahrheit« aufgestellten Schauvorrichtungen, die den Frieden in Seebädern und Sommerfrischen empfindlich stören.

Eine Ewigkeit scheint es her, dass das *Jüdische Wochenblatt* in den bewegten Zwanzigern den Markt betritt und als Anliegen artikuliert, den »Respekt vor der persönlichen Überzeugung Andersdenkender« zu vertiefen und das »jüdische Gastwirtsgewerbe« in seinem Existenzkampf zu unterstützen. Ab 1926 firmiert die Zeitung unter dem Zusatz *Offizielles Mitteilungsblatt des »Vereins jüdischer Hotelbesitzer und Restaurateure. e.V.«* – zum Erfolg und Wirkungsbereich jenes Zusammenschlusses schweigen sich die Quellen weithin aus. Fest steht indes, dass auch dieser Verein ins Visier antisemitischer Zerschlagungswut gerät. Nur mit Mühe können sich die jüdischen Betriebe über Wasser halten. Wer keine koschere Küche brauche oder möge, komme bitte dennoch, »komme aus Solidaritätsgefühl«, heißt es am Vorabend des nationalsozialistischen Umsturzes in Gemeinschaftskleinanzeigen.

In Prerow läuft unterdessen ein völlig anderer Film.

*

»Wie schön ist es doch nichts zu tun und vom Nichtstun auszuruh'n. Das ist das Leitwort für alle Ferienkinder groß und klein«, tirilieren die Eingangssätze im *Darßer Heimatbuch* von 1938 aus dem Verlag des Wielandhauses, »Nordische Buch- und Kunsthandlung, Ostseebad Prerow (Darß)«. Immer nur schlafen und baden, baden und schlafen könne

Strand zu Prerow

man jedoch nicht. Gerade der Darß fordere mit der Fülle seiner »schier unendlichen Naturschönheiten« dazu auf, die Gegend »mit offenen Sinnen« zu erwandern und anzuschauen. Jüdische Ferienkinder sind hier selbstverständlich nicht angesprochen, im ersten typischen NS-Bad an der deutschen Ostseeküste ohnehin nicht mehr unter den Badegästen. Oder doch? Laut Badeprospekt sind »Juden in Prerow unerwünscht«, im Ort ebenso wie am Strand. »Um so mehr befremdet es mich, dass seit einigen Tagen unmittelbar in dem Strandkorb vor mir, und zwar unmittelbar an dem Strandwege, etwa 100 m westlich des Segelstegs, eine Frau in Begleitung von 3 typischen Judenkindern (Mädel im Alter von etwa 11-13 Jahren) sich ungeniert niederlassen konnte. Dem Dialekt nach handelt es sich hierbei um Sachsen, und zwar benutzen die Betreffenden den Strandkorb ›H.43‹.« Aus einem maschinengeschriebenen Brief des Kaufmännischen Direktors und Vorstandsvorsitzenden der Magdeburger Versorgungsbetriebe AG, »z. Zt. Ostseebad Prerow, Pension Leidicke, Strand Str. 5«, an den Kurdirektor und Bürgermeister von Prerow am 21. Juli 1938. Und weiter: »Die Frau, die mit den erwähnten Judenkindern fragl. Strandkorb benutzt ist scheinbar selbst nicht Jüdin. Höchstwahrscheinlich handelt es sich im vorl. Falle um einen frechen jüdischen Tarnungsversuch insofern, als die Betreffende entweder als Hausangestellte oder Reisebegleiterin in jüdischen Diensten steht und diese Judenkinder bei der Anmeldung als ihre eigenen ausgegeben hat. Dann wundert es mich aber, dass die Prerower Bevölkerung in Rassefragen so wenig geschult ist, dass die betr. Pensionsinhaber diese typischen Judenkinder nicht als solche erkannt oder deren Aufnahme verweigert haben. Oder wollte man das etwa nicht merken?« Der Kurdirektor und Bürgermeister müsse »sofort energisch einschreiten« und eine »schleunigste Entfernung dieser Judenkinder wie auch ihrer artvergessenen Begleiterin« aus Prerow veranlassen. Geschehe dies nicht, bitte er, ein überzeugter »alter Nationalsozialist«, auch im Interesse seiner Frau und Kinder, die »größten Anstoß an dieser jüdischen Nachbarschaft nehmen«, um umgehenden Bescheid, und zwar unter Angabe der Beweggründe. »Ich würde mich dann sofort, unter Schilderung der Sachlage, an die Gauleitung Stettin der NSDAP, Gauamt für Kommunalpolitik, beschwerdeführend wenden! Heil Hitler«!

Die beanstandeten »Judenkinder« heißen Irma, Mirjam und Sonja Sonnenschein. Irma ist 1938 vierzehn, Mirjam zwölf und Sonja neun Jahre alt. Die Mädchen sind Vollwaisen. Ihre Eltern starben früh. Moritz Sonnenschein, ihren Vater, verlieren sie 1931, als er gerade sechsundvierzig geworden ist. Ihre Mutter, Elsa Sonnenschein, geborene Kapper, stirbt zwei Jahre danach, sie wird nur sechsunddreißig. Die Sonnenschein-Mädchen, alle drei in Dresden geboren, gehen dort auch zur Schule und wohnen bei ihrer Großmutter, Beatrix Kapper. Der Großvater, Emil Kapper, einst Hofjuwelier in der sächsischen Kunststadt, lebt ebenfalls nicht mehr. Die Mädchen haben eine Erzieherin, Gertrud Heßlein. Von ihr weiß man kaum mehr als ihren Namen. Und: dass sie es ist, die Irma, Mirjam und Sonja mehrere Male unter ihrer Obhut Sommerferien in Prerow ermöglicht hat.

In einer dünnen Mappe im Landesarchiv Greifswald zu dieser Geschichte liegt neben dem zitierten Beschwerdebrief ein Bogen des Prerower Kurdirektors und Bürgermeisters in Sütterlintintenschrift vom 23. Juli 1938 an Gertrud Heßlein, Waldstraße 13: »Sie werden hiermit aufgefordert, Prerow bis zum 25. 7. früh 9 Uhr zu verlassen, weil Sie als Deutsche mit jüdischen Kindern trotz Hinweis im Prospekt als Kurgäste

Sonja, Irma und Mirjam Sonnenschein und ihre Kusine Monika Rosenbaum um 1932

Quartier genommen haben und den nur für deutsche Volksgenossen freien Strand benutzten.«

*

Am 3. März 1943 werden die Mädchen (seit November 1942 im »Judenlager Hellerberg« am Nordrand Dresden interniert) zu den Ermordeten in Auschwitz gehören.

*

Ein einziges Foto von Irma, Mirjam und Sonja Sonnenschein, aufgenommen um 1932, sollte bleiben und die Erinnerung an sie bewahren.

Verborgene Nischen

Zwischen Meer und Bodden in Ahrenshoop

Schon immer folgt es einem ganz eigenen Takt, tanzt es aus der Reihe, ohne auffallen zu wollen, rennt es weder Launen der Mode nach, noch trumpft es auf: Ahrenshoop, ein Dorf mit Grazie, seit 1889 Seebad. Mit vornehmer Würde wandeln die Kühe durch die von Pappeln gesäumte Dorfstraße, wird von Generation zu Generation weitererzählt. Die Reisewege zu jener schmalsten Stelle zwischen Meer und Bodden, wo das pommersche Ahrenshoop an der Grenze von Fischland und Darß neben seinen mecklenburgischen Nachbarn Althagen und Niehagen gelegen ist, sind beschwerlich und lang: von Ribnitz unweit der Hansestadt Rostock aus mit einem Dampfschiff rund anderthalb Stunden über den Saaler Bodden bis zum Althäger Hafen und von dort weiter zu Fuß oder ab Wustrow mit Pferd und Wagen auf schlaglochreicher Strecke, was insbesondere bei Regen, mehr noch bei Frost und Schnee (oft bis in den Frühling hinein) wenig Vergnügen verspricht. Weit und breit nichts als Felder, Wiesen, Weiden, Dünenhügel und Sandwege, dazwischen wie Landmarken vereinzelt Rohrdachkaten, Scheunen, eine Mühle und Büdnereien. Doch genau diese Szenerie zieht jene an, die 1892 in Ahrenshoop eine Künstlerkolonie gründen: Malerinnen und Maler, die sich nach unberührter Natur und unverfälschtem Leben sehnen – fernab von urbanem Getöse und Gedröhn aus wachsendem Automobilverkehr und wilhelminischem Baufieber, wogegen 1909 Ohropax erfunden wird.

Der erste ohne Farbpalette, Pinsel und Zeichenstift auftauchende »Forense«, der 1896 in Ahrenshoop ein Haus erwirbt, ist der in Ludwigslust tätige Rechtsanwalt und Notar Otto

Kaysel mit seiner aus der jüdischen Familie Josephy stammenden Ehefrau Ottilie Hedwig. In der Dorfstraße 14, Ecke Kirchnersgang, erschaffen sie sich ein Sommerparadies wenige Schritte vom Strand, inmitten eines Gartens, der im Mai voller Goldregen und Flieder, Narzissen und Holunder blüht und im Juli um ein Gänseblümchenmeer violettes Seifenkraut spießen lässt. Ihre damals einundzwanzigjährige Tochter Ottilie Frieda Theodora, Otty, gehört zu den ersten Malschülerinnen von Paul Müller-Kaempff, dem Spiritus Rector der Künstlerkolonie. Eine Vignette des Landschaftsmalers aus Oldenburg ziert das Ahrenshoop-Kapitel im *Führer durch die Badeorte des Verbandes Deutscher Ostseebäder* (1905), worin geschrieben steht: »Das freundliche Fischerdorf mit etwa 200 Bewohnern liegt auf dem schmalen Vor-Darß, der das Becken des Saaler Boddens von der Ostsee trennt, also gewissermaßen zwischen zwei Meeren, ein Umstand, der seine Luft zu einer ganz besonders reinen und gesunden macht. (…) Das Badeleben ist ein geselliges, ungezwungenes und billiges.« Hinweise auf Gastwirte und Beherbergungsbetriebe, die nur christliches Publikum dulden oder sich ausdrücklich als »deutsch« definieren, gibt es nicht, auch nicht in der jüdischen Presse – bis zum Ende der Weimarer Republik. Noch 1932 wird im druckfrischen Ahrenshoop-Prospekt erklärt: »Zwanglosigkeit und Toleranz sind unsere sorgfältig gehüteten Eigenschaften, was sich auch auf die Politik bezieht.«

*

Im Sommer 1918, als das Kriegsgrauen langsam endet und Ahrenshoop beinahe menschenleer ist, besucht die aus Berlin angereiste jüdische Kunstmalerin Edla Charlotte Rosenthal

Prospekt Ostseebad Ahrenshoop 1932

Oben von rechts: Edla Charlotte Rosenthal und auf der Bank in der Mitte Elza Kohlman mit Freundinnen und die Büdnerei in Althagen

das Dorf. War sie schon häufiger dort? Und ist ihr der Grafiker, Illustrator, Drehbuchautor und Schriftsteller Edmund Edel bekannt, der Asta Nielsen und George Grosz sehr schätzt und zu den ersten jüdischen Gästen in der Künstlerkolonie gehört? In seinem Essay *Ahrenshoop, das Malernest. Ein Ostsee-Idyll* vom 12. August 1907 im *Berliner Tageblatt* erheitert der Tausendsassa mit jener (bis heute gern zitierten) Fama, die davon spricht, dass »der erste Malersmann« im Ort »eine Malerin gewesen sein soll«. Stimmt: Anna Gerresheim! Schon 1881 macht die damals Neunundzwanzigjährige, geboren in Ribnitz, aufgewachsen in Güstrow, auf dem Fischland und Darß Malferien. Nach ihren Kunststudien in Dresden, Berlin und Paris reist sie 1885 für vier Wochen nach Ahrenshoop, beseelt von der Idee, sich ein Haus zu bauen. Am Dünenkamm in der Dorfstraße entdeckt sie ein Grundstück, 1892 ist das zweistöckige Fachwerkgebäude mit Seezimmer, Atelier und Salon bezugsfertig. In der Künstlerkolonie gilt sie bald als eine der führenden Persönlichkeiten.

Edla Charlotte Rosenthal erwirbt 1918 in Althagen eine hinter Rosen versteckte Büdnerei. In diese B 12, so die übliche Fischländer Kurzformel, zieht sie mit ihrer ungarischen Freundin Elza Kohlman, einer Bakteriologin, ein. Umfangreiche Nachforschungen der Ahrenshooper Regionalhistorikerin Astrid Beier haben erbracht, dass Edla Charlottes Eltern, Aaron Arthur Rosenthal und Tekla Lydia Helene, geborene Burchardt, um jene Zeit längst gestorben sind. Rudolf, ihr einziger Bruder, drei Jahre jünger als sie, fiel 1915 in Litauen. Edla Charlotte investiert ihr Erbe in den Althäger Hauskauf, nimmt Astrid Beier in ihrer Dokumentation *Meine Suche nach Edla Charlotte Rosenthal* an, 2016 im Selbstverlag herausgebracht. Neben Urkunden, Briefen und Fotos aus der Familiengeschichte der Rosenthals findet sich darin der Hinweis, dass Edla Charlotte auf dem Fischland und in der Künstlerkolonie zuweilen »schöne Blume« genannt wird. Daran erinnert sich auch Marianne Clemens, Otto Kaysels Enkelin, 1912 in Leipzig geboren. Ihr Vater, der promovierte Rechtsanwalt Rudolf J. Ziel, hat in der Buch- und Messe-Metropole eine renommierte Kanzlei. Als Badegast in Ahrenshoop verguckte er sich einst in die nicht nur von ihm umworbene Otty. Im Mai 1910 feiert das Paar im *Baltischen Hof* seine Hochzeit, ein rauschendes Fest. Das halbe Dorf tanzt und singt. Tochter Marianne wählt im August 1933 für ihre Hochzeit ebenfalls den *Baltischen Hof* aus und gibt einem Juristen, Walter Clemens, ihr Ja-Wort. Von ihrer Mutter übernimmt sie auch den herzlichen Kontakt zur fast dreißig Jahre älteren Edla Charlotte Rosenthal – für sie eine »zarte Blume«, sanft und scheu.

*

Wenige Monate vor dem Börsenkrach 1929, der das Tourismusgeschäft auch auf dem Fischland und Darß stark in Mitleidenschaft zieht, fragt das Jüdische Kinderheim Ahawah (hebräisch: Liebe) aus der Auguststraße 14/15, Berlin, nach Ferienplätzen für Jungen und Mädchen in Ahrenshoop an. In einem Privatquartier gegenüber dem Gartencafé und Restaurant *Zum Seezeichen* werden sie aufgenommen. Eher schlecht als recht, aber preiswert und darum besser als nichts. Ein Jahr später gelingt es dem Jüdischen Frauenbund, berufstätige Frauen und Mädchen nach dem Muster von Cranz in einem »behaglichen Heim« in Ahrenshoop unterzubringen. »Die Verpflegung ist nicht rituell, doch wird auf Wunsch gern fleischlose Kost oder Diätküche gewährt«, so 1930 eine Anzeige im Juli-Heft der *Blätter des Jüdischen Frauenbundes für Frauenbewegung und Frauenarbeit.* Die Leiterin habe sich in der Berliner Geschäftsstelle vorgestellt, ein Aufenthalt bei ihr könne unbedingt empfohlen werden. »Anmeldungen sind unter Bezugnahme auf den JFB zu richten an Frau Herzenberg, Ostseebad Ahrenshoop, Post Wustrow (Mecklenburg).«

Die Aktivitäten rund um Ferienheime werden durch eine neue Idee im Frauenbund ergänzt: eine Reisesteuer. Diese freiwillige Leistung soll dazu beitragen, durch Erwerbslosigkeit und andere Kümmernisse »unglücklich gewordenen Frauen beizustehen«, aber auch jenen zu helfen, die »nur übermüdet, nur abgearbeitet, nur niedergedrückt« sind. Die Idee stößt bei den Mitgliedern des Frauenbundes, deren Anzahl um die fünfzigtausend beträgt, auf positive Resonanz. Das Projekt läuft langsam an. Allmählich reicht die Summe für erste praktische Umsetzungen. Ein Teil wird für Reisezuschüsse ausgegeben, ein anderer für die Übernahme vollständiger Reisekosten. Schnell sind die Bestände erschöpft. »Denkt an die Reisesteuer!« heißt es daher immer wieder in den *Blättern*, zum Beispiel 1931 im Juni-Heft: »Alle, die noch das Glück haben, ihre Koffer für eine Erholungsreise packen zu können, müssen mithelfen, den Frauen eine Erholungskur zu verschaffen, die im schwersten Lebenskampfe ihre Kräfte aufreiben, die nicht wie früher anderen helfen können, sondern jetzt auf unsere Fürsorge angewiesen sind.«

Bis Ende 1932 werden etliche Dutzend Reisewünsche dank der Reisesteuer wahr. Dann bricht alles zusammen: »Nach wirtschaftlich hartem Winter sehen wir einem Frühjahr und Sommer entgegen, bedrückt von uns neu auferlegten schweren Sorgen, die uns nicht nur wegen der immer bedrohlicheren Knappheit an Mitteln und Verdienstmöglichkeiten in der Bewegungsfreiheit hemmen. Wir müssen uns in der Nähe unseres Wohnortes nach Erholungsplätzen umschauen.«. Worte 1933 im Mai-Heft des Verbandsorgans. Kurz zuvor erscheint die Anzeige der Ahrenshooper Ferienadresse ein letztes Mal.

*

Rudolf J. Ziel, inzwischen Landgerichtspräsident in Chemnitz, wird am 8. März 1933 von bewaffneten SA-Männern aus seinem Dienstzimmer gejagt, das man anschließend versiegelt hat. Der Vorwurf an den Beamten: »politische Unzuverlässigkeit«, weil er sich weigert, der NSDAP beizutreten. Zudem gilt er wegen Otty und ihrer Mutter als »jüdisch versippt«. Nach seiner »Schutzhaft« folgen bleierne Wochen der Ungewissheit. Jüdische Freunde der Familie, und derer gibt es viele, möchten helfen, halten sich aber sicherheitshalber zurück. »Unser Vater hat wohl noch eine Weile geglaubt, dass seine ungesetzliche Entlassung zurückgenommen werden würde. Er war ja unabhängiger Richter auf Lebenszeit!«, erzählt Marianne Clemens in ihrem Buch *Unruhige Zeiten in unserem Land* (2005). Nach der angeordneten Kündigung der Dienstwohnung bereitet sie mit ihrer Mutter den elterlichen Umzug nach Ahrenshoop vor. Aus dem Kayselschen Sommersitz wird ein Unterschlupf – mit der dauernden Anspannung, bloß nicht anzuecken oder Fehler zu begehen. Denn mit den neuen Machthabern gerät auch Ahrenshoop erdrutschartig aus dem Gleichgewicht, werden Gemeindeposten neu besetzt und Hakenkreuz-Flaggen gehisst. Nach dem reichsweiten »Judenboykott« am 1. April 1933 verleiht das Gemeindeamt Ahrenshoop »dem Führer des neuen Deutschland« das Ehrenbürgerrecht. Zudem wird die Dorfstraße in Adolf-Hitler-Straße umbenannt (als Zeichen der neuen Zeit

Das Steilufer von Ahrenshoop

überall in Stadt und Land) und eine Hitler-Eiche gepflanzt. Letzteres geschieht auch in Niehagen.

Am Boddenweg, einem schnurgeraden Pfad durch flüsterndes Rohr, hat der Bildhauer Gerhard Marcks sein Refugium – eine Büdnerei, in der bis 1930 zwei Näherinnen wohnen, bevor sie das Damenstift in Ribnitz aufnimmt. Mit seiner Frau Marie und den fünf Kindern, Brigitte, Herbert, Ute, Gottlieb und Christoph, sucht der ebenfalls aus seinem Amt Suspendierte zwischen Meer und Bodden inneren Halt. Dass er die Kunstgewerbeschule Burg Giebichenstein in Halle an der Saale 1933 verlassen muss, die er bis dahin als Kommissarischer Direktor leitet, begründet der Magistrat der Stadt zunächst mit Sparmaßnahmen. Wirklicher Grund ist die Empörung des ehemaligen Bauhauslehrers über die Entlassung seiner jüdischen Kollegin Marguerite Friedländer-Wildenhain. In der Weimarer Republik als erste Töpfermeisterin Deutschlands ein Stern am Himmel jener Zunft, leitet die Keramikkünstlerin auf Burg Giebichenstein seit 1929 die Porzellanwerkstatt. Hier entstehen ihre prestigeträchtigen Entwürfe für die Staatliche Porzellan-Manufaktur Berlin, vormals (und ab 1988 wieder) Königlich-Preußische Manufaktur (KPM). Auch gegen die Zwangsexmatrikulation der jüdischen Studentin Trude Jalowetz aus der Weberei-Klasse wendet sich der Protest von Gerhard Marcks. Indes kann er nicht verhindern, dass ihr der Studienplatz entzogen wird.

*

Nach dem »Reichsbürgergesetz« vom 15. September 1935, welches bestimmt, »ein Jude kann nicht Reichsbürger sein«, öffnen sich die Schleusentore zu ungezählten antisemitischen Verordnungen, auch zur Neufassung von Ortssatzungen (in

Heringsdorf schon im Juni vorweggenommen). In diesem Sinne belegt ein Schriftstück der NSDAP, einsehbar im Kreisarchiv Stralsund unter mannigfaltigen Akten zu dem Themenaspekt, dass der Gemeinderat Ahrenshoop am 14. Oktober 1935 »Über die Fernhaltung der Juden« beschließt: »§ 1: Juden – auch Halbjuden – sind vom Besuch des Ostseebades Ahrenshoop während der Saison ausgeschlossen. § 2: Juden – auch Halbjuden – dürfen Grundbesitz in Ahrenshoop nicht erwerben.«

Keineswegs alle Dorfbewohner und Zugezogenen sind linientreu, weder in Ahrenshoop noch bei den beiden mecklenburgischen Nachbarn. Auch davon zeugen mehrere Schriftstücke im Kreisarchiv Stralsund: Aus Wustrow wird beispielsweise im Frühjahr 1935 beklagt, dass der »Hitler-Gruß« in Althagen für viele noch immer »nicht in Frage« käme und nach wie vor kommunistische Anschauungen hochgehalten würden. Ein KdF-Reiseleiter aus dem »Gau Groß-Berlin« schwärzt im August 1935 beim Wustrower »Kraft-durch-Freude-Wart« den Ahrenshooper Bürgermeister an, weil sich dieser über »Parteigenossen und Volksgenossen« herablassend geäußert und »Juden bevorzugt« haben soll.

Nur punktuell lässt sich der Badealltag unter der nationalsozialistischen Herrschaft rekonstruieren. Forschungen dazu sind vergleichsweise rar. Das betrifft auch Ahrenshoop. Dem NSDAP-Ortsgruppenleiter, Dorfschullehrer Karl Deutschmann, wird nachgesagt, er habe trotz seiner Parteifunktion häufig vor Denunziationen gewarnt und schützend über Gefährdete wie Familie Ziel gewacht. Erst 1946 stellt sich heraus: *Villa Sonnenfrieden* am Ahrenshooper Dorfausgang Richtung Darßer Wald, in der die jüdische Witwe von General Max Hoffmann, Cornelia-Irene Hoffmann, geborene Stern, seit dem Richtfest des Baus 1913 mit ihrer Familie zahlreiche

Sonnenuntergang am Ahrenshooper Strand

Sommer verbringt, bewahrt Karl Deutschmann vor einem Brandanschlag. Ein wie zufällig vorbeifahrender SA-Konvoi hatte den »jüdischen Besitz« anzünden wollen.

In der Pension *Gute Laune* finden jüdische Badegäste noch eine Weile Bett und Brot. Hier und dort werden Verfolgte versteckt – ständig die Angst im Nacken vor Carl von Bremen, Autor des Seefahrer-Romans *Die Schifferwiege* (1935), berüchtigt für seine Judenschelte. Niemand legt sich freiwillig mit dem Fanatiker aus dem »Gau Mecklenburg-Lübeck« an, Wohnsitz Wustrow in einem Kapitänshaus, dem Handlungsort seines Romans.

Edla Charlotte Rosenthal kauft bei den Fischern gern frischen Hecht und Zander, muss aber immer mehr auf der Hut sein, wenn sie zum Althäger Hafen spaziert. Nicht ohne Risiko ist auch, im Haus von Anna Gerresheim unweit vom *Baltischen Hof* vorbeizuschauen. Nach dem Tod der Malerin 1921 lädt die Familie sie oft zu Geselligkeiten ein. Ab 1934 bewohnt eine Mieterin das Anwesen. Sie öffnet der »Althäger Jüdin« ihre Tür nur noch einen Spalt, fertigt die Lästige ab.

*

Neben aller Schikane und Repressalien durch den NS-Apparat gibt es verborgene Nischen in Ahrenshoop. Aufrechte, Couragierte und nicht wenige Frauen in den Sommerhäusern bilden einen «verschworenen Kreis«, resümiert Marianne Clemens in ihrem Buch, »man roch, wem man vertrauen konnte, man spürte, wen man durchfüttern oder unterbringen musste«. Wohl darum auch halten Mitglieder der Widerstandsgruppe Rote Kapelle ab 1938 ihre Pfingstreffen in Ahrenshoop ab. Baden am Strand – trotz striktem Verbot – sogar nackt.

Gepriesene Perlen

Mecklenburgische Ostseebäder

»Bisher regierte in Mecklenburg abwechselnd die Rechte und die Linke, und nicht immer gelang bei dem häufigen Wechsel, die Stetigkeit der Regierungshandlung so zu wahren, daß die Staatsautorität nicht darunter leiden mußte«, erklärt die Zeitung des Central-Vereins deutscher Staatsbürger jüdischen Glaubens in einem Sonderbericht über die Landtagswahlen in Mecklenburg-Schwerin vom 23. Juni 1929. Erfolge verzeichne die Einheitsliste aus Nationalliberalen, Deutschnationalen und Deutschvölkischen. Vor allem aber die NSDAP. »Allabends fuhren die Lastwagen mit Braunhemden von Dorf zu Dorf. Die halbe Reichstagsfraktion war als Rednerunterstützung aufgeboten. SA-Aufmärsche, deutsche Abende u. a. m. gaben den stimmungsmäßigen Rahmen.« Das Ganze aufgeheizt durch Gebrüll und Gekrakel an Fassaden und Scheunen: »›Die Juden sind unser Unglück‹, ›Kauft nicht bei Juden‹, ›Deutsche Mädchens (!) meidet jüdische Gesellschaft‹ (…) Nächtliche Belästigungen durch Hakenkreuzler gehören nicht zu den Seltenheiten.« Eine Replik im *Niederdeutschen Beobachter*, dem wöchentlichen »Kampfblatt der N.S.D.A.P. – Mecklenburg«, fällt erwartungsgemäß diskreditierend aus: Der »Central Verein deutscher Scheinbürger jüdischer Nationalität« würde seine üblichen infamen Lügen ausstreuen.

Bis 1933 dreht die antijüdische Propaganda ihre Lautsprecher laut und lauter auf, im Zuge der anschwellenden Arbeitslosenzahlen, die 1930 drei Millionen und 1931 viereinhalb Millionen übersteigen, jagt im *Niederdeutschen Beobachter* eine Schlagzeile die andere: »5 000 Rostocker hören Goebbels!« – »Großes nationalsozialistisches Militärkonzert in Lübeck!« –

»SA marschiert in Wismar!« – »Treffen der NS-Jugendbewegung in Alt-Gaarz!« Dazwischen trommelt der Aufruf: »Fahnen heraus! Tragt Parteiabzeichen auf Rock und Mantel!« Und wie schrilles Pfeifen die Rubrik: »Wo wohnt und verkehrt der Nationalsozialist?« Beispielantwort aus Warnemünde: »Hotel Seestern, Am Strom 38« und »Café Bechlin. Nur deutsche Musik«. Mit Genugtuung hebt der *Niederdeutsche Beobachter* hervor, dass »viele im Winde flatternde Hakenkreuzfahnen auch in ›Aaronsee‹ dem Strand das Gepräge« geben. Lange werde es nicht mehr dauern, bis das »von der jüdischen Rasse« so benannte Arendsee kein »Judenbadeort« mehr sei, sondern wie die anderen mecklenburgischen Ostseebäder »kerndeutsch«.

Nach dem Sieg der NSDAP bei der Landtagswahl am 5. Juni 1932, der »Machtübernahme der Nationalsozialisten in Mecklenburg«, kommt ihr *Beobachter* täglich heraus, die Phonstärke steigert sich abermals: »Des Führers Freiheitsflug beginnt!« – »Die erste Adolf Hitler Schallplatte. Durchmesser 30 cm, Sprachdauer 8 ½ Minuten, Verkaufspreis 5 RM« – »Gewaltige Hitlerkundgebungen an der Wasserkante!« – »Laßt den Juden jüdische Zeitungen lesen. Wir lesen deutsche. Als Mecklenburger den ›Niederdeutschen Beobachter‹, ›N.B.‹!« In Inseraten vieler Hotelbesitzer steht jetzt hinter ihrem Namen die Abkürzung Pg. für Parteigenosse, gelegentlich auch SS. Textilgeschäfte und Kaufhäuser führen »Hitlerbraune Stoffe« als Meterware in Leinen, Halbleinen, Mako, Samt und Kunstseide. Die neuen »trustfreien« Margarinemarken heißen »Kampf« und »Sieg«. Der ab Mai im *Niederdeutschen Beobachter* erscheinende Anzeigenblock »Deutsche Bäder und Sommerfrischen« ist mit der Fußnote versehen: »Nationalsozialisten und deren Freunde verbringen ihren Ferienaufenthalt nur bei den hier inserierenden Bädern und Sommerfrischen«.

Und dieses sind: Graal und Müritz, Warnemünde, Brunshaupten, Arendsee und Boltenhagen. Unregelmäßig annoncieren Dierhagen, Fulgen und Nienhagen.

Mitte August 1932 wüten schwere Unwetter über Mecklenburg: wolkenbruchartige Regenfälle über der Küste, Stürme fegen über Promenaden, Strand und Seebrücken. Eine »Werbefahrt der NS-Motorstaffel 89« von Brunshaupten nach Heiligendamm hebt die Urlauberlaune aber flugs. Beim Anrollen der »braunen Kolonne« stießen »Badegäste und Landarbeiter« Freudenschreie aus, berichtet der *Niederdeutsche Beobachter* am 22. August. Das Größte sei jedoch gewesen: »ein kameradschaftlicher Händedruck und Scherzwort unseres Dr. Goebbels, den wir in Heiligendamm begrüßen durften!«

Fast nahtlos nach den öffentlichen Bücherverbrennungen am 10. Mai 1933 als »Aktion wider den undeutschen Geist« (sogar an einigen Stränden, etwa in Ahlbeck auf Usedom) eröffnet die »Weiße Stadt am Meer« ihre Sommersaison: »Die ersten Strandkörbe sieht man bereits beim Gespensterwald«, so der *Niederdeutsche Beobachter* am 26. Mai.

*

Rund zwei Jahrzehnte vor der politischen Einbetonierung der Gleichschaltungsdiktatur bringt die Geschäftsstelle des Verbandes Mecklenburgischer Ostseebäder e.V. in Warnemünde eine der schönsten Reisebroschüren über ihre »Perlen« heraus: das türkisblaue Deckblatt mit einem Segelschiff auf wogenden Ostseewellen im Prägedruck bürgt für Geschmack, eine silbrigweiße Kordel bindet den über einhundertseitigen *Führer durch die mecklenburgischen Ostseebäder* (1911) mit einer Schleife zusammen. »Auf 270 Kilometer Länge wird die meck-

Der Gespensterwald und die Burg Hohenzollern in Heiligendamm

lenburgische Küste auf ihrer Nordseite von den Fluten der Ostsee umspült, die vom Gebiete des Lübecker Freistaates bis zum pommerschen Darß das Land begrenzt.« Einleitende Orientierungen für Wissbegierige und Aufgeschlossene. Wandert man die Küste entlang, betöre die Impression einer Perlenkette, reihe sich doch Seebad an Seebad, wobei jedes auch ein Waldkurort sei. »Beide Namen verdienen die mecklenburgischen Bäder fast durchweg in gleichem Maße – ja die Vermischung der ozonreichen, frischen und reinen salzhaltigen Seeluft mit der stärkenden deutschen Waldluft ist einer der größten Vorzüge der mecklenburgischen Ostseebäder.« Und noch etwas mache das Unverwechselbare aus: »Der Strand der mecklenburgischen Küste zieht sich im allgemeinen von WSW nach ONO und hat durch die offene Lage des Meeres einen fast stetigen, starken Wellenschlag, dessen melodisches Geräusch besonders angenehm nervenberuhigend wirkt. Bei stürmischer Witterung nimmt der Wellenschlag eine ungewöhnliche Macht und Stärke an. Das Meer bietet dabei mit seinen gewaltigen, unausgesetzt heranwogenden Wellenbewegungen ein Bild von unbeschreiblich grotesker Schönheit und erhabener Majestät.«

Im Kriegssommer 1915, in dem Else Lasker-Schüler nach Kolberg reist, tourt Alfred Kerr durch Mecklenburg. Der 1867 in Breslau geborene Sohn des jüdischen Weinhändlers Emanuel Kempner und dessen jüdischer Ehefrau Helene, geborene Calé, zeichnet schon als junger Mann mit dem selbst erdachten Namen Kerr. Der wegen seiner scharfen Wortgeschütze bald gefürchtete Theaterkritiker, Schriftsteller und Publizist will nicht mit der »schlesischen Nachtigall« Friederike Kempner in Verbindung gebracht werden. Bei deren Reimen (»Willst gelangen Du zum Ziele, / Wohlverdienten Preis gewinnen, / Muß der Schweiß herunter rinnen /

Von der Decke bis zur Diele!«) dreht sich ihm der Magen um. Oft genug hat der Sprachästhet zur vermeintlichen Verwandtschaft mit der Dichterin richtigzustellen: »Sie war meine Tante nicht. Sie waaar es nicht!!!«, betont er in seinem *Lebenslauf 1927*, untergliedert in fünfunddreißig mit römischen Ziffern markierten Blöcken, Kerrs unverwechselbarer stilistischer Form. Friederike Kempners Familie, mütterlicherseits Aschkenasy, ist jüdisch. Ebenso wenig wie seine Eltern mag Alfred Kerr »diese Sonderung«, er hält die Hervorhebung des Jüdischen für »unnütz«, wie er gleichfalls in seinem *Lebenslauf* erklärt. »Doch ich selber habe die Herkunft von diesem Fabelvolk immer als etwas Beglückendes gefühlt, so gewiß ich von seiner Sprache nichts weiß als die für mich gewaltig schönen, für mein Weltwissen heut zweifelhaften, sechs rauhen Riesenworte: ›Schma Jisroel, Adonai Elohenu, Adonai echode‹; ›Höre Israel: der Herr, dein Gott, der Herr ist ewig‹.«

Alfred Kerr sieht die Ostsee als Gymnasiast in Kopenhagen zum ersten Mal, 1901 steuert er Vitte auf Hiddensee an, 1904 Sellin auf Rügen (hier läuft er Katia Pringsheim über den Weg, die er gern vom Fleck weg geheiratet hätte, das beabsichtigte aber schon ein gewisser Thomas Mann), 1906 besichtigt der Reiselustige Heiligendamm, 1912 bucht Alfred Kerr Schiffsreisen nach Schweden und Norwegen. Von alledem handeln die (oftmals nur schwer zu entziffernden) Aufzeichnungen in Sütterlin und Stenografie in seinen Reisenotizbüchern im Oktavformat, archiviert in seinem Nachlass in der Akademie der Künste, Berlin. Am liebsten bewegt sich der von den Nationalsozialisten früh Observierte in Mecklenburg nur mit Rucksack auf einem Drahtesel fort. »Man sieht mehr von einem Land, wenn man auf dem Rade sitzt – das steht fest«, heißt es in seiner Textsammlung *Die Welt im Licht* (1920):

Ostseebad Graal mit Seebrücke, Strand und Wald um 1925

»Eines Abends fuhr ich auf gut Glück eine besonders wirtliche Landstraße lang, die nach etlichen Meilen am Meer enden musste. Triften; fette Erde; ganze Gräben voll dicker, langer Säue mit Ferkeln; am Ende der weiten Sicht immer Wald. Dann kamen meilenweite Wälder nah, der Weg durchquerte sie; Eichen, Birken, Kiefern, Buchen. (…) Zuletzt, an der See, lag die Ortschaft; über den Namen, als den eines Badeplätzchens, hatte man irgendwann mal weggelesen. Das Ganze – köstlich.« Gemeint: das Ostseebad Graal. »Ich wußte, daß ich hier bleiben würde.« Allerdings nur für ein paar Tage. Den Rastlosen reizt, möglichst »jede Nacht woanders zu schlafen«. Ob ihm Antisemitisches widerfuhr? Falls ja, für Kerr vermutlich nicht der Rede wert.

Mit drei Wochen Zeit im Gepäck reisen im Spätsommer 1920 Kurt Tucholsky und die jüdische Kinderärztin Else Weil nach Graal. Das seit Mai verheiratete Paar – vorbei, vorbei mit Foxtrott, Flirts und freier Liebe, seufzt der »abgeschminkte Junggesellenmime« – übernachtet im *Haus Buchenhof* (heute Heimatmuseum) in der Kaiser-Wilhelm-Straße nahe am Strand. Leider gibt es keinerlei schriftliche Erinnerungen an ihren Aufenthalt. Von Kurt Tucholsky weiß man indes, dass seine Sehnsucht zeitlebens dem Baltischen Meer gilt, das ihn schon als Dreijährigen in Stettin fasziniert, wohin seine Eltern, der jüdische Bankkaufmann Alex Tucholsky und die von ihm geehelichte Kusine Doris, 1893 aus Berlin-Moabit vorübergehend siedeln: »Jeder hat sein Privat-Deutschland. Meines liegt im Norden«, so der Feuilletonist, Lyriker und Chansontexter in *Deutschland, Deutschland über alles* (1929): »Die See. Unvergeßlich die Kindheitseindrücke; unverwischbar jede Stunde, die du dort verbracht hast – und jedes Jahr wieder die Freude und das ›Guten Tag!‹«

Nicht ausgeschlossen, aber wohl eher eine hübsche Imagination: Kurt Tucholsky und die sprudelnde, kluge, lebenslustige Else, alias Claire, seine weibliche Hauptfigur in *Rheinsberg: Ein Bilderbuch für Verliebte* (1912), liegen bäuchlings in den Dünen, blättern im *Führer durch die mecklenburgischen Ostseebäder* und lesen sich abwechselnd vor: »Ein Erwachsener macht bei ruhiger Atmung etwa 16 Atemzüge in der Minute und saugt bei jeder Inspiration durchschnittlich 0,65 Liter in die Lungen hinein, also in einer Stunde 625,8 Liter und an einem Tage rund 15 000 Liter. Es ist einleuchtend, daß der Wochen hindurch fortgesetzte Genuss von 150 Hektoliter Luft von bestimmter, der Gesundheit förderlicher Zusammensetzung – und die Seeluft stellt wohl die reinste Luft dar – sowohl für die Atmungsorgane, als auch für den Gas- und Stoffwechsel des Organismus von bedeutendem Einfluß sein muß.« Drei Wochen am Ostseestrand von Graal machen also 315 000 Liter eingesaugte Ostseeluft! Pro Person! Mitte September reisen »Tucho« und Else ab – in die Berliner Luft, Luft, Luft mit ihrem holden Duft, Duft, Duft …

*

Kinder fühlen sich in Müritz besonders wohl, dem Ostseebad neben Graal, »direkt an der offenen See, von meilenweiten, ca. 60 000 Morgen großen Waldungen umgeben«. Auch das vermittelt der Reiseführer durch die mecklenburgischen Ostseebäder. »Der Strand, mit kräftigem Wellenschlag, ist feinsandig und völlig steinfrei. Die neu erbauten, ca. 315 und 220 Meter langen Dampfer-Anlegebrücken auf dem West- und Ostende des Dorfes sind Lieblingsplätze unserer Badegäste geworden, da sie neben einer schönen Promenade über Wasser die beste Gelegenheit bieten, die kräftige Seeluft aus erster Nähe zu

Dünen im Ostseebad Müritz

genießen.« Erich Kästner, der prominenteste Kinderbadegast im Sommer 1914, wenn nicht überhaupt je im Ostseebad Müritz, genießt die Seeluft von einem stillen Platz in den Dünen aus und blickt auf den »atemberaubend grenzenlosen Spiegel aus Flaschengrün und Mancherleiblau und Silberglanz« – das weite Meer, das auf ihn, *Als ich ein kleiner Junge war* (1957), unheimlich wirkt und viele Geheimnisse birgt: »Gekenterte Schiffe lagen auf seinem Grund und tote Matrosen mit Algen im Haar. Auch die versunkene Stadt Vineta lag drunten, durch deren Straßen Nixen schwammen und in die Hutläden und Schuhgeschäfte starrten, obwohl sie keine Hüte brauchten und Schuhe schon gar nicht. Fern am Horizont tauchte eine Rauchfahne auf, dann ein Schornstein und nun erst das Schiff, denn die Erde war ja rund, sogar das Wasser. Monoton und naß, mit weißen Spitzenborten gesäumt, klatschten die Wellen gegen den Strand. Schillernde Quallen spuckten sie aus, die im Sande zu blassem Aspik wurden. Raunende Muscheln brachten sie mit und goldgelben Bernstein, worin, wie in gläsernen Särgen, zehntausendjahrealte Fliegen und Mücken lagen, winzige Zeugen der Urzeit.«

1933 stehen auch Erich Kästners Werke (ebenso wie jene von Alfred Kerr, Else Lasker-Schüler und Kurt Tucholsky) auf der Schwarzen Liste für die Bücherverbrennungen, dabei ein »Achtung!« beim Dresdner Kinderbuchautor: »Alles außer: Emil«. Der schlaue Junge, Emil Tischbein, ist mit seinen Detektiven, Gustav mit der Hupe und Pony Hütchen, in Deutschland schlichtweg zu populär. Ein Verbot wäre für die NS-Zensoren ein Eigentor. Und so kann der beliebte Schreiber schon 1934 *Emil und die drei Zwillinge* in »Korlsbüttel an der Ostsee«, seinem Müritz, spielen lassen, ohne ins offene Messer zu laufen und geschasst zu werden.

Mit seiner Mutter Ida, Tante Lisa und Kusine Dora ist Erich Kästner damals in der *Pension Meerblick* in der Strandstraße untergebracht. Sie sonnen sich im Strandkorb, baden, radeln über Graal nach Warnemünde. Und werden von manch einer Mondnacht über der Ostsee überrascht. »Über unseren Körpern funkelten und zwinkerten viel mehr Sterne als daheim, und sie leuchteten königlicher. Der Mondschein lag wie ein Silberteppich auf dem Wasser. Die Wellen schlugen am Strand ihren ewigen Takt. Von Gjedser zuckte das Blinkfeuer herüber. Es war ein Gruß aus Dänemark.«

In ähnlichem Alter wie Erich Kästner seinerzeit und später seine Kinderbuchkinder sind die Kinder, die das Jüdische Volksheim aus Berlin nach Müritz schickt. *Haus Kinderglück* heißt ihre Unterkunft. Und auch sie liegt in der Strandstraße, betrieben vom Berliner Verein für Ferienkolonien e.V., der nicht ausschließlich jüdische Gruppen aufnimmt, sondern Kinder aus Familien aller Konfessionen. Eine der Helferinnen im 1916 gegründeten Jüdischen Volksheim unweit vom Alexanderplatz in der Dragonerstraße 22 ist Dora Diamant, 1898 unter dem Namen Dworja Diament nahe Łódź geboren. Sie spricht perfekt Hebräisch und emigriert 1920 als Kindergärtnerin, ausgebildet in Krakau, von Polen nach Berlin. Im Volksheim, unter dessen Dach sich »Ost und West, Arm und Reich, Jung und Alt« begegnen, unterstützen und fördern sollen, wird sie mit offenen Armen aufgenommen. Im Juli 1923 betreut Dora Diamant eine Gruppe Sieben- bis Vierzehnjähriger in Müritz an der Ostsee. Zur selben Zeit ist aus Prag der lungenkranke Franz Kafka zu Gast – gegenüber vom *Haus Kinderglück* im *Haus Glückauf*. Das Zimmer des Juristen und Schriftstellers, ausgestattet mit elektrischem Licht, fließendem Wasser, Schreibtisch und Balkon, befindet sich im ersten Stock. Kinderlachen schallt herüber, Singen hebräischer Lieder. Am Strand sieht Franz Kafka die muntere Ferienkolonie-Schar hüpfen und springen und wie sie ihre Sandburgen mit Davidsternen aus Herzmuscheln dekorieren. An einem Freitagabend vor dem Sabbat, der Kalender zeigt den 13. Juli an, wird der Autor der *Strafkolonie* (1919), in den Berliner Buchhandlungen ein Begriff, ins *Haus Kinderglück* eingeladen. Eine weltberühmte Liebesgeschichte beginnt – nachgezeichnet in Michael Kumpfmüllers Roman *Die Herrlichkeit des Lebens* (2011) und in *Dora Diamant. Kafkas letzte Liebe* (2013) aus der Feder ihrer kalifornischen Namensvetterin Kathi Diamant.

*

Am 3. Juli 1921 berichtet der *Warnemünder Bade-Anzeiger*, jenes zweimal wöchentlich erscheinende Journal im Tageszeitungsformat (Schriftleitung: Emil Krakow, Inhaber der gleichnamigen Buchhandlung am Kirchenplatz – inzwischen Krakow Nachf.): »Warnemünde, ein Flecken von 6000 Einwohnern, Hafeneinfahrt der Stadt Rostock in Mecklenburg-Schwerin, liegt unmittelbar an der Ostsee am linken Ufer der Warnow, die sich südlich vom Orte haffartig zum sogenannten ›Breitling‹ erweitert. (…) Warnemünde gehört zur Stadt Rostock. Der von letzterer eingesetzten Badeverwaltung liegt die Sorge über alle das Badeleben betreffenden Einrichtungen ob. (…). Schon seit Anfang des vorigen Jahrhunderts als Sommerfrische und Badeort benutzt, ist Warnemünde im Laufe der Zeit zu einem der besuchtesten Ostseebäder geworden. (...) Vom Leuchtturm, von dessen Galerie man einen überraschend weiten und schönen Ausblick über Land und See hat, führt auf der Hohen Düne eine breite, ca. 1500 m lange Promenade nach Westen, auf der sich das Badepublikum gern

Deckblatt Warnemünder Bade-Anzeiger *vom 10. Juni 1928*

ergeht (›Bismarckpromenade‹). Die 500 Meter weit in die See hineingebaute mit Sitzplätzen versehene Westmole bietet gleichfalls den Badegästen, namentlich bei Sonnenuntergang, einen angenehmen und der frischen kräftigen Seeluft wegen sehr geschätzten Aufenthalt …« 20.000 Badegäste werden 1921 in Warnemünde gezählt, und trotz harter Nachkriegsentbehrungen kommen mehr und mehr. Die im *Bade-Anzeiger* regelmäßig veröffentliche »Amtliche Fremdenliste« mit Namen, Beruf, Herkunftsort weist vornehmlich Gäste aus Berlin, Schwerin, Lübeck, Rostock und auffallend häufig aus Hamburg auf. Wenig verwunderlich daher die Annoncen etlicher Hamburger Geschäftsfilialen am Warnemünder Ostseestrand wie: »Neu-Eröffnung: Modehaus Ritter & Co., Hamburg-Warnemünde, Am Leuchtturm 2 (…). Eigene Anfertigung eleganter Badeanzüge, Bademäntel und Badeumhänge. Kein Kaufzwang! Aufmerksame Bedienung!« Oder das 1908 in Hamburg gegründete Hamburger Kaffee-Lager Thams & Garfs, ebenfalls in Warnemünde, Am Leuchtturm 12, »Gebrannter Kaffee, Pfd. 24 Mark«. Auch umgekehrt blüht das Geschäft, und zwar mit dem »beliebten Sonntagssonderzug« nach Hamburg an der Elbe Auen und zurück, ein Angebot der Reichsbahndirektion Schwerin, erschwinglich und attraktiv mit Hafenrundfahrt, Besichtigung des Elbtunnels, Mittagessen auf St. Pauli und (wahlweise) Dampferfahrt ab Landungsbrücken nach Blankenese oder Stippvisite in Hagenbecks Tierpark. Fester Bestandteil der Warnemünder Strandunterhaltung: Fahrten mit dem Salon-Schnelldampfer *Großherzog* nach Heiligendamm, Brunshaupten und Arendsee oder mit dem Fährschiff *Friedrich Franz IV.* nach Gedser am Südzipfel der dänischen Insel Falster, im *Bade-Anzeiger* umrankt von Werbung für Erdal-Schuhweiß, Dr. Dralles Birkenwasser und Coryfin-Bonbons »bei Staub und Hitze, trockenem Hals«. Die »vorzügliche Kurkapelle (Stadt- und Theaterkapelle der Stadt Rostock, 30-40 Mann stark, darunter hervorragende Solisten)« spielt tagtäglich im Warnemünder Kurgarten, Publikumsrenner sind Potpourris und Phantasien aus »Orpheus in der Unterwelt«, »Freischütz«, »Barbier von Sevilla« und last but not least »An der schönen blauen Donau«. Für jeden Geschmack ist reichliche Auswahl an Vergnügungen und Zerstreuung im Repertoire, hebt der *Bade-Anzeiger* hervor: Tanzen, Kinderspaß, Vorträge (»Hellsehen in Zeit und Raum«), »Korso-Fahrten in festlich geschmückten und erleuchteten Booten auf dem Strome« oder die »Regatten des Norddeutschen Regattavereins Hamburg«. Warnemünder Fischer verkaufen fangfrisch vom Kutter oder in ihren Fischläden (»seefrisch«) Steinbutt, Rotzunge, Seeteufel, Scholle, Flunder, Dorsch und gerade auch von den herbeischwärmenden Tagestouristen stark gefragten geräucherten Aal. Eine »Dampfwaschanstalt« sowie die Warnemünder »Aufbügelungs- und Reparaturanstalt« machen Outfits wieder flott, Frisiersalons bieten »Ondulation«, »Manicure« und »Bubikopf-Schneiden« an, ein Handarbeitsgeschäft am Kirchplatz offeriert »Echt chinesische Strand-Schirme (Original)«, ein Philatelistisches Büro, Anastasiastraße 13, empfiehlt: »Briefmarken sind beste Kapitalanlage«. Was im *Warnemünder Bade-Anzeiger* 1921 ins Auge springt: eine in jeder Ausgabe geschaltete Anzeige des jüdischen Kaufhauses Julius Kychenthal, Am Strom 71. Auch in den folgenden Jahren ist sie dabei, das komplette Jahr 1926 sogar auf dem Deckblatt platziert. Der Historiker Christoph Wegner, Leiter des Heimatmuseums Warnemünde, ging den *Spuren jüdischen Lebens in Warnemünde* (2020/21) nach: Julius Kychenthal, 1858 im mecklenburgischen Goldberg als Sohn einer jüdischen Schneidermeisterfamilie geboren, galt in War-

Kaufhaus
Julius Kychenthal
Am Strom 71 Warnemünde Fernspr. 344
Manufaktur- und Modewaaren
Weiß- und Kurzwaren
Konfektion
Bekleidungsartikel aller Art
Sämtliche Bade-Bedarfsartikel
Größtes Lager in Sportartikel

Pension
„Perle“
Ecke Hermann- und Luisenstraße
Beste Lage nahe See u. Kurpark
Anerkannt gute mecklenburgische
Küche Zivile Preise
Elektr. Licht. W.-C.
Fernruf 24
Bes.: K. G. Kluth

Quisisana
vornehmes Fremdenheim
am Kurpark, 3 Minuten vom
Strande
Telephon 100 Wachtlerstr. 11
empfohlen durch
deutschen Offizier-
Verein

HAUS SEEROSE
BESITZER: FRAU H. VON QUITZOW

VORNEHMES
FREMDENHEIM

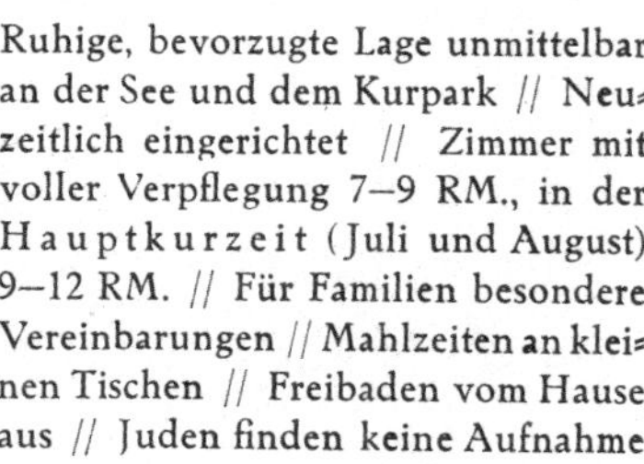

Ruhige, bevorzugte Lage unmittelbar an der See und dem Kurpark // Neuzeitlich eingerichtet // Zimmer mit voller Verpflegung 7–9 RM., in der Hauptkurzeit (Juli und August) 9–12 RM. // Für Familien besondere Vereinbarungen // Mahlzeiten an kleinen Tischen // Freibaden vom Hause aus // Juden finden keine Aufnahme

STRANDWEG 1 UND 2 // FERNSPRECHER 690

Anzeigen im Warnemünder Bade-Anzeiger *(oben: 1921)*
sowie in Warnemünder Prospekten (Mitte 1924 und unten: 1929)

nemünde, wo er bereits 1899 im Adressbuch steht, als eine »respektable Persönlichkeit.« Gleich drei Vereine wählten ihn in ihren Vorstand: der Männer-Gesangs-Verein Union, der Ortsinteressen-Verein und der Handelsverein. Anders als sein jüngerer Brüder Louis (Kaufhausbesitzer in Schwerin, Am Markt 4/5), erlebt Julius Kychenthal den »Judenboykott« 1933 und die »Arisierungen« nicht mehr mit. Er stirbt 1931 in seiner Warnemünder Wohnung, Dänische Straße 10. Voller Sorge wird Julius Kychenthal aber beobachtet haben, dass *Haus Seerose*, Strandweg 1 und 2, im Badeprospekt der Kurverwaltung 1929 mit dem Zusatz inseriert: »Juden finden keine Aufnahme.« Schon Jahre zuvor präsentiert die Besitzerin, Hedwig von Quitzow (im Warnemünder Zweigverband des Mecklenburgischen Roten Kreuzes aktiv), ihre *Seerose* als »Christliches Haus in ruhiger bevorzugter Lage«, ähnlich wie seit 1909 Agnes von Troschke ihre *Villa Seeheim* (vormals *Villa Seeblick*), Blücherstraße 4: »Kleinere ruhige Familienpension für Gäste christlicher Konfession«. Auch andere, wenngleich in überschaubarer Zahl, benutzen diese antisemitischen Tarnungen einschließlich: »Empfohlen vom deutschen Offiziers-Verein«, bis 1924 die Pensionen *Quisisana* am Kurpark und *Perle*, Ecke Hermann/Luisenstraße, mit Hakenkreuzsymbolen schockieren, so Christoph Wegner in seinen Prospekt-Auswertungen.

Ermuntert vom steilen Aufwind der NSDAP, organisiert der 1918 entstandene Bund der Frontsoldaten ab 1929 Treffen in Warnemünde, laut *Bade-Anzeiger*: »An jedem Freitagabend 20.30 Uhr Zusammenkunft aller Stahlhelmer im Hotel ›Am Meer‹.« Soldaten jüdischen Glaubens bleibt der Bund versperrt, woraufhin sich 1919 der Reichsbund jüdischer Frontsoldaten (RjF) konstituiert – zum Gedenken der »zwölftausend Gefallenen der deutschen Judenheit« und als

Hilfstrupp zum Schutz vor antisemitischen Aggressionen. Ob jüdische Badegäste in Warnemünde von »Stahlhelmern« belästigt und bedrängt wurden, wie Else Lasker-Schüler aus Kolberg erzählt? Im Vorwort zum *Führer durch die Badeorte des Verbandes Deutscher Ostseebäder* (1929) schreibt der renommierte jüdische Mediziner Max Hirsch, Generalsekretär der Balneologischen Gesellschaft/Berlin und Badearzt: »Wenn man das Bild der deutschen Ostseeküste von Memel bis Flensburg an seinen Augen vorbeigleiten läßt, dann ist man gefesselt von der prächtigen, abwechslungsreichen, landschaftlichen Schönheit, die sich vor uns aufrollt.« Beglückend sei auch das Bild der Sommerfrischler, »die immer wieder und immer wieder an die deutsche Ostsee mit ihrem mannigfaltigen Strand und ihrem prächtigen Wald kommen, weil sie in ihren Erwartungen nicht enttäuscht sind.« Keine Silbe zu Erfahrungen jüdischer Badegäste, nichts Nachdenkliches, Mahnendes. Für den Ostseebäderverband irrelevant und tabu. 1933 muss Max Hirsch seine Ämter niederlegen. Über Moskau und Leningrad flüchtet er nach Riga. Am 19. April 1941 verliert sich seine Spur.

Angekurbelt von den 1922 errichteten Ernst-Heinkel-Flugzeugwerken Warnemünde (im Stammwerk Rostock werden zunächst Verkehrsmaschinen für die Lufthansa produziert, im Zuge der rapide expandierenden Rüstungsindustrie Bomber für die Luftwaffe), wächst Warnemünde gewaltig und lockt Abertausende neue Gäste an. Inzwischen feierten auch der Teepavillon (»Der Clou der Ostseeküste«) und das Kurhaus ihre Einweihung, letzteres im Bauhausstil mit Seeterrasse, Restaurant, Dachgarten und Kasino-Bar, wo alles schwitzt und lacht, wenn die Rheinische Kapelle zu »Stimmung und nochmals Stimmung!« aufputscht. Geschehen im Hitze-Juli 1928 (»überall im Deutschen Reich bis 35°«). Im normaltem-

Aus dem Prospekt Die guten Reisewege nach Warnemünde *1931*

perierten nächsten Sommer verabredet sich im Kurhaus, »Sammelplatz des gesamten Kur- und Badelebens«, der Flotten Bund Deutscher Frauen, Ortsgruppe Rostock und Warnemünde, zu einem »Bunten Abend«. Hinter den Kulissen der fröhlichen Ostseebilderwelt aufgepumptes völkisches Gehabe, verstärkt selbst gegenüber Badekommissaren, zuständig für Sicherheit und Ordnung am Strand. Sprachrohr wie gewohnt der *Niederdeutsche Beobachter*: »Unser Badeort Warnemünde gibt alljährlich eine Badezeitung heraus, in welcher auch die einzelnen Hotels und Pensionen ihre Anzeigen erscheinen lassen. Die Besitzerin einer Pension wurde nun kürzlich vom Badekommissar gebeten, doch das ›Judenfrei‹ aus den Anzeigen wegzulassen, da er ›Wert‹ darauf lege, daß die Pension vom ›Schwarzen Brett‹ in Hamburg verschwinde. Die Besitzerin sagte eine Änderung zu, verlangte aber dafür, daß zu beiden Seiten der Anzeige ein Hakenkreuz gesetzt werde. Der sehr um den guten Ruf seines Badeortes bei seinen Juden und Judengenossen bangende Badekommissar wollte es da lieber bei der alten Form der Anzeige belassen, da ihm das Hakenkreuz als zu stark provozierend erschien. Man weiß nicht, worüber man sich mehr wundern soll, über die jüdische Frechheit oder über die Unverfrorenheit dieses Badekommissars.« Zu dieser Polemik vom 26. April 1930 bringt der *Beobachter* am 17. Mai eine Leserzuschrift »von befreundeter Seite«, in der der Rostocker Verkehrsverein für jene Anzeigen verantwortlich gemacht wird, und da »der Jude Siegmann neben den üblichen Spießbürgern und judenfreundlichen Sozialdemokraten« Mitglied in eben dem Verein sei, erübrige sich jeder weitere Kommentar. Richard Siegmann, einer der Honoratioren in der Rostocker jüdischen Gemeinde und seit 1898 Direktor der Rostocker Straßen-Eisenbahn AG, ging 1910 als Gründungsvorsitzender des Rostocker Verkehrsvereins und Vorsitzender des ein Jahr später aus der Taufe gehobenen Mecklenburgischen Verkehrsverbandes in die Landesgeschichte ein. Mit Überzeugungskraft engagiert sich der gebürtige Berliner für Qualitätsverbesserungen im Fremdenverkehr, wobei ihm am Herzen liegt, neben der Reise-Inlandswerbung auch die im Ausland zu intensivieren, beispielsweise in den USA. Der Börsenkrach in New York ist noch nicht in Sicht, als Richard Siegmann zu einer Studienreise in die Wolkenkratzermetropole aufbricht, um Urlaubspublikum speziell auch für die Ostsee zu akquirieren. Stellt doch Warnemünde (neben Saßnitz) ein »Eingangstor« für ungezählte amerikanische Touristen nach Deutschland dar, indem diese mit HAPAG-Ozeanriesen nach Skandinavien übersetzen und von dort das europäische Festland anpeilen. In *Richard Siegmann. »... aber wir waren Deutsche«* (2011) fügt der Rostocker Historiker Jan-Peter Schulze aus einer Fülle verstreuter Quellen die Biografie des 1898 nach Rostock gesiedelten Kaufmanns zusammen. Wie Max Hirsch muss Richard Siegmann 1933 seine Ämter niederlegen. Von Berlin, wohin er 1935 zurückkehrt, wird Richard Siegmann am 17. März 1943 mit seiner Frau Margarete, geborene Salomon, nach Theresienstadt deportiert.

Im letzten Sommer der Weimarer Republik, 1932, steigt am 22. Juli in Warnemünde das traditionelle Sommerfest. Dazu die Badeverwaltung im *Bade-Anzeiger*: »Illumination, Feuerwerk, Burgenbeleuchtung, Korso mit Musik, Menge und Gedränge (...). Ein Fest der Allgemeinheit, das Fest der tausend Lichter in einer Nacht, ein Fest, das jung und alt, nah und fern, mobil macht, ein Fest, dessen Krönung ein Höhenfeuerwerk bildet. Man darf wohl verraten, dass die Pyrotechniker versprochen haben: 1932 soll es noch schöner als sonst werden!« Neun Tage später votieren vierzehn Millionen Stimmen bei den Reichstagswahlen für die NSDAP und katapultieren sie damit auf das Siegerpodest der stärksten politischen Kraft.

1933 spricht der *Warnemünder Bade-Anzeiger*, nun herausgegeben vom Rostocker Hinstorff Verlag, seine Leserschaft mit »Volksgenossen« an. Ebenfalls auf Linie gebracht: »Jedes / Deutsche Geschäft / Jeder / Deutsche Betrieb / kämpft mit uns für: / Deutschland / N.S. Volkswohlfahrt / Firmenmitgliedschaft.« Das alteingesessene *Hotel Hohenzollern*, Strandweg 17, fügt seinen Annoncen hinzu: »Bestempfohlenes nationales Haus. Juden werden nicht aufgenommen.«

*

»Das Jahr 1934 soll ein Markstein auf dem Wege zielbewußten Aufstiegs sein«, hämmert der *Niederdeutsche Beobachter* am 10. Mai seiner Leserschaft ein. Und damit »jeder Badegast mit den denkbar besten Erinnerungen und schweren Herzens« am Ende seiner Ferien nach Hause fährt, halte man in den Ostseebädern noch attraktivere Angebote bereit, zum Beispiel »Heimatwochen«, »Altdeutsche Trachtenspiele« und Auftritte der »SA-Standartenkapelle«. Enormen Aufwind erhält der »Seedienst Ostpreußen« mit Fahrten zu Sondertarifen ab Travemünde und Warnemünde: »Vergeßt das deutsche Zoppot nicht!« – Unentwegt gemahnt der *Beobachter*: »Deutsche, besucht nur deutsche Bäder!«, verknüpft mit der Ansage: »Es gibt kein ›Ich‹ mehr. Es gibt nur noch ein ›Wir!‹«, so im Rahmen einer Kampagne für KdF-Urlauberzüge. – »Aus deutschen Landen ans deutsche Meer. 100 Schlesier baden in der Ostsee«, verbucht der *Beobachter* am 23. Juni 1934, am 8. Juli sind es »500 Schwaben«. Und alles wird eingeschworen auf »deutsche Eigenart und deutsche Herzlichkeit und deutsche Gastfreundlichkeit«.

Privataufnahme – Ortseingang von Warnemünde um 1935

Mitte Mai 1935 stehen Mammutveranstaltungen zu »Zehn Jahre Gau Mecklenburg-Lübeck« an. Das »Gau-Treffen« in Schwerin, Sitz der NSDAP-Gauleitung, gibt den Startschuss in jetzt schmerzhaft röhrendem Lautsprecherton: »Wir erwarten von der gesamten Schweriner Bevölkerung, daß sie freudig ihre Häuser in der vorgeschriebenen Weise schmückt oder schmücken läßt und insbesondere für die Illumination der Fenster nur die vorgeschriebenen roten Illuminationsbecher verwendet. Wir verwahren uns aber entschieden dagegen, daß Juden ihre Häuser oder ihre Geschäfte auch nur irgendwie schmücken oder beflaggen. Sie haben keinen Anteil an diesem Heimatfest aller schaffenden Mecklenburger. Dieses Fest gehört einzig und allein deutschen Menschen.«

Unter der Überschrift »Arendsee wird judenrein!« posaunt der *Niederdeutsche Beobachter* am 7. Juni 1935: »Juden werden im Ostseebad Arendsee nicht mehr beherbergt.« – »Warnemünde hat die Juden satt!«, tritt das Kampfblatt am 31. Juli nach.

Vom Ende der Hoffnung

Auf dem Weg zum »stein- und judenfreien Strand«

Nach nunmehr siebzehn Jahren Arbeit am Mahnmal für Peter, ihren gefallenen Sohn, reist Käthe Kollwitz mit ihrem Mann am 21. Juli 1932 nach Belgien, um beim Aufstellen ihrer beiden trauernden Elternskulpturen in Roggevelde nahe Dixmuiden zugegen zu sein. Im Unterschied zu früher erscheint ihr der Friedhof fremd, notiert sie in ihr Tagebuch. »Die kleinen Blechkreuze sind ersetzt durch etwas größere Holzkreuze. (…) Nur 3 Kreuze haben eine Anpflanzung von Rosen. An Peters Grab blühen sie, rote. Daß der ganze Boden jetzt mit Rasen bepflanzt ist, ist schön. Kleiner als ich dachte ist der vordere Platz, der für die Figuren freigehalten ist.« Im Februar 1933 wird Käthe Kollwitz aus der Akademie der Künste ausgeschlossen, weil sie einen Aufruf zur Einheit der Linksparteien unterzeichnet hat. Sie verliert ihr Atelier und ihre Lehrbefugnis, erhält Ausstellungsverbot. In den Museen sortiert man ihre Werke aus. Im Tagebuch immer weniger Einträge. 1934 elf. 1935 fünf, davon der letzte am 25. November: »In Karls Leben ist seit einiger Zeit eine Änderung. Es ging ihm so wenig gut (…).«

Ostsee? Rauschen? Das einstige Kinderparadies ist für Käthe Kollwitz und ihre Familie ausgelöscht. Es sollte sich bewahrheiten, was der Vorsitzende der Königsberger Ortsgruppe des C.V. im *Königsberger Jüdischen Gemeindeblatt* bereits am 1. September 1924 prophezeit, dass nämlich durch die Abtrennung Ostpreußens vom Deutschen Reich ein fruchtbarer Nährboden für völkisch-nationalistische Denkweisen bereitet würde, und diese seien »in 99 von 100 Fällen zugleich auch antisemitisch«. Das *Jüdische Ferienheim Neu-*

Meeresblick von der Steilküste im Ostseebad Rauschen

Ostseebad

Rauschen

an der samländischen Bernsteinküste. 55 Minuten
Bahnfahrt von Königsberg in Preußen.

Bei Benutzung des Seebäderdienstes
direkte Autobus-Verbindung Pillau — Rauschen.
Drahtseilbahn zum Strande, herrliche Waldungen, mildes Klima, geschützte Lage. Warmbad mit med., elektr. und Moorbädern. Hervorragende Wirkungen bei den verschiedensten Krankheiten und Genesungszuständen. Gelegenheit zur Diätküche. Tennis- und Sportplätze.

Neu erbauter Meistertennisplatz.

Turnier- und Rennplatz des samländischen Reitervereins. Arzt und Apotheke. Elektrisches Licht. Wasserleitung, Gas und Kanalisation.

Ausführliche Auskunft und Wohnungs-Nachweis durch die Badeverwaltung Rauschen (Ostpr.) und den Verkehrsverein Königsberg (in Pr.), Hauptbahnhof.

Kurhaus Rauschen

Besitzer: K. Kämpf
Fernsprecher Nr. 201

Hart an der See. Gute Verpflegung und Zimmer. 130 Betten. Pension nach Vereinbarung. Zentralheizung usw. Auto-Garagen.

In der Saison täglich Künstlerkonzert.

Annonce aus der Broschüre Ferien an der deutschen Ostsee *1934*

Am Strand von Neuhäuser 1937

häuser wird zum 1. März 1934 einschließlich Grundstück und Inventar verkauft. Auch das vom Jüdischen Frauenbund in Cranz verwaltete *Erholungsheim für berufstätige Mädchen und Frauen* gibt seine Arbeit auf. Jüdische Badegäste reisen in andere Seebäderregionen, sofern sie überhaupt noch reisen oder sich Reisen leisten können.

Von der Bernsteinküste bis zur Lübecker Bucht stehen ab 1935 jene Schilder Spalier: »Juden Stop!« – »Juden unerwünscht!« – »Judenrein!« – »Badestrand für Arier!«

*

Die Vertreibung jüdischer Badegäste an der Ostsee geschieht bis zum Ende der Weimarer Republik in erster Linie »von unten« und über all die Jahre zügellos Rechtsnormen missachtend, was den Akteuren, in der Hauptsache antisemitischen Gästen, gleichgültig ist. Noch am 10. Juli 1930 bringt das *Israelitische Familienblatt* exemplarisch auf den Punkt: »Wo Juden unerwünscht – und Grundgesetze von Anstand und Sitte unbekannt sind!« Das in der Reichsverfassung verankerte Freizügigkeitsrecht setzt der Willkür zwar Grenzen. Doch niemand schert sich darum. Nach der »braunen Erhebung« 1933 werden Erbstücke aus der Demokratie vollends bedeutungslos. Mit dem Reichsausschuss für Fremdenverkehr, jenem am 23. Juni 1933 gesetzlich eingeführten Gremium, das alle Reiseangelegenheiten für die »Volksgemeinschaft« dirigiert, erlangen die örtlichen »Hoheitsträger« der NSDAP (Kreisleiter der einzelnen Gaue) die Befugnis und Pflicht, umzusetzen, was »von oben« angeordnet wird. Und dies impliziert an vorderster Stelle die »Entjudung« der Seebäder. Ein Wust an Sonderregelungen und lokalen Alleingängen öffnet dem antisemitischen Treiben zusätzlich Tor und Tür.

Vom Ehrgeiz besessen, ihren Badeort »judenfrei« zu machen und, wie gelegentlich kundgetan, »nur Germanen« willkommen zu heißen, keine »Hebräer«, sticht man sich gegenseitig aus. Dabei schießt das Ostseebad Henkenhagen den Vogel ab. 1935 wirbt es in einem Faltblatt mit dem Qualitätsmerkmal: »Stein- und judenfreier Strand!«

Spätestens 1936, als sich die NS-Gemeinschaft Kraft durch Freude (KdF) mit ihren Reisen zum weltgrößten Tourismuskoloss aufbläht, wird jüdischen Badegästen der Aufenthalt an der Ostsee praktisch gänzlich verwehrt. Zu dieser Einschätzung gelangt der Central-Verein, der sich nach Inkrafttreten der »Nürnberger Rassengesetze« umbenennen muss. Central-Verein der Juden in Deutschland heißt er seit 1935. »Deutsch« darf in keiner adjektivischen Berührung mehr mit Jüdischem stehen. Juden und Jüdinnen sind nur noch Staatsangehörige. Anders als »Arier«. Die wenigen in den Seebädern noch auftauchenden jüdischen Erholungssuchenden werden vom »arischen« Badepublikum separiert, indem man ihnen etwa am Strand eingezäunte schmale Abschnitte zuweist, was zum Beispiel in Warnemünde, Hohe Düne, passiert sein soll. Im April 1937 fordert der Landesfremdenverkehrsverband Mecklenburg (nachgewiesen in einem Konvolut im Kreisarchiv Stralsund), »Sitz: Seestadt Rostock«, mit einem doppelt unterstrichenen »Vertraulich!« die Kurverwaltungen aller mecklenburgischen Bäder zur unverzüglichen Beantwortung der Fragen auf: »1. Zahl der jüdischen Hotels, Fremdenheime, Kuranstalten usw. (…). 2. Reichen die vorhandenen jüdischen Betriebe zur Unterbringung der jüdischen Kurgäste aus? (…) 3. Wieviele Juden ausländischer Staatsangehörigkeit haben in jedem der Jahre 1933-1936 den Ort als Kurgast besucht? (…) 4. Besteht in dem Ort bereits ein Judenverbot und von welcher Stelle ist es erlassen?

Sandburgen im Ostseebad Scharbeutz 1941

Fotos aus dem Prospekt Ostseebad Zinnowitz auf Usedom *1937*

5. Können besondere Erfahrungen zur Regelung der Judenfrage mitgeteilt werden? -------- Da eine Lösung der Judenfrage in Bädern und Kurorten gefunden werden muss, die den nationalpolitischen Erfordernissen, aber auch aussenpolitischen Gesichtspunkten Rechnung trägt, ist auf durchaus sachliche Darlegung der bestehenden Verhältnisse besonderer Wert zu legen.« Am 10. August weitere Einschränkungen durch eine »Verordnung zur Durchführung und Ergänzung des Gesetzes über den Reichsausschuß für Fremdenverkehr«, abgedruckt im *Jahrbuch des Deutschen Fremdenverkehrs 1938.* Gemäß »Anordnung 7« darin sind jüdische Gäste in jüdischen Kuranstalten, Hotels, Pensionen und Fremdenheimen unterzubringen. »Voraussetzung ist dabei, daß in diesen Betrieben deutschblütiges weibliches Personal unter 45 Jahren nicht beschäftigt wird.« Jedes Bad entscheidet nach eigenem Ermessen, ob es jüdische Gäste zeitlich begrenzt zu Kurparks, Sportplätzen oder Kurgaststätten zulässt oder davon fernhält. Beispiellos und unübersehbar die Fülle weiterer Diktate wie jenem, Konzerte jüdischer Komponisten aus den Musikmuschel-Programmen »auszumerzen«. Angestoßen von Richtlinien des Reichsministers des Innern vom 15. Juni 1938 »Betrifft: Jüdische Kurgäste in Bädern und Kurorten« (und auch hiervon liegt im Kreisarchiv Stralsund eine Abschrift vor), erwägen Badeverwaltungen, eine »Gelbe Kurkarte für Juden« einzuführen. Zinnowitz präsentiert sich 1937 mit einem neuen Badeprospekt: »Frei von jedem Zwang in Zinnowitz am Ostseestrand« – die Volksgemeinschaft ganz unter sich, »ledig von Sorgen und Alltagsgedanken«, mit zackiger Strandgymnastik.

*

Am 1. April 1937 verfügt Friedrich Hildebrandt, NSDAP-Reichsstatthalter und Gauleiter von Mecklenburg, die Zusammenlegung der Gemeinden Brunshaupten, Fulgen und Arendsee nahe Heiligendamm. Ein Jahr später ordnet er die Verleihung des Stadtrechts für das neue Ostseebad an und diktiert den künftigen Einheitsnamen: Kühlungsborn (in Anlehnung an jenen Höhenzug »Kühlung« südöstlich der Mecklenburger Bucht). Das Echo der Einheimischen fällt verhalten aus, zumal niemand an dem Prozess beteiligt worden war. Die Fusion kam keineswegs überraschend, Diskussionen über das stets strittig gewesene Thema setzten schon nach der Jahrhundertwende ein. Im Straßenbau oder bei kulturellen Vorhaben arbeitete man durchaus zusammen. Auf höherer Ebene aber fand sich nie eine Einigung, was am Konkurrenzdenken von Arendsee gelegen haben soll. Das kleinere Bad befürchtete ökonomische Nachteile, zudem besaß es ein wohlsituiertes jüdisches Stammpublikum. Jüdische Badegäste schwärmten von »Aronsee« und verschickten Postkartengrüße mit dieser augenzwinkernden Wortphantasie. Für Hardliner um Hildebrandt ein zusätzlicher Anreiz, das »Judenbad« aus der Seebädergeschichte zu »eliminieren«.

Vereinzelt gibt es selbst 1937 noch Mutige, die jüdische Badegäste heimlich unterbringen. Exemplarisch dafür ein Antwortschreiben eines jüdischen Arztes aus Berlin vom 14. Juli jenes Jahres an die Pension *Miramare* in Brunshaupten, das zu diesem Zeitpunkt noch seinen alten Namen trägt: »Für Ihre freundliche Benachrichtigung vom 10. d. M. verbindlichsten Dank. Ich habe mich indes mit Rücksicht auf die mir von verschiedener Seite bekanntgegebene Unerwünschtheit jüdischer Gäste in Brunshaupten entschlossen, von unserer Reise dorthin abzusehen. Es tut mir außerordentlich leid, deshalb Ihr mir als vorzüglich empfohlenes Haus, das Sie mir dankenswerterweise zur Verfügung stellten, nicht besuchen zu können. Ich danke Ihnen nochmal für Ihre liebenswürdige Bereitwilligkeit, an die ich mich jederzeit gern erinnern werde und zeichne mit deutschem Gruß ergebenst! Dr. med. Hans Oppenheim« – abgedruckt in der *Ostsee-Zeitung* vom 12. September 2021 unter der Überschrift »Dies soll im Gedächtnis bleiben«, verfasst von Heimatchronist Jürgen Jahncke.

PS: Die nationalsozialistische Begriffserfindung Kühlungsborn überdauerte die NS-Zeit, die DDR und die angestrengten Umbenennungen 1990 ff., wiederholt wurden Bedenken gegen die Beibehaltung des Namens laut, doch letztlich beließ man es dabei. Auch das Stadtwappen von Kühlungsborn mit seinen drei Möwen für Brunshaupten, Fulgen und Arendsee existiert bis heute fort. Copyright: Hans Herbert Schweitzer, NS-Stargrafiker und Goebbels-Intimus. Wüssten das die drei Möwen, segelten sie auf und davon …

*

In bester Lage an der Promenade im heutigen Kühlungsborn-West (ehemals Arendsee) seit drei Jahrzehnten leerstehend und verwahrlost: *Villa Baltic*, ursprünglich die private Altersresidenz des jüdischen Rechtsanwalts, Notars und Justizrats Wilhelm Hausmann und seiner jüdischen Frau Margarete, geborene Frank. Intensive Recherchen insbesondere von Alexander Schacht, Denkmalschutzbehörde/Landkreis Rostock, brachten ans Licht: 1909 lag die Baugenehmigung auf dem Tisch, 1912 war die neobarocke Villa nach Entwürfen des Dresdner Architekten Alfred Krause bezugsfertig, ausgestattet mit Marmor und Marmormosaik, an den hohen Decken filigraner Blütenstuck, die lichten Freitreppen unter der Glaskuppel aus rotem Granit. Schwere Vandalismusschä-

Villa Hausmann in Kühlungsborn 1938

Strand und Seebrücke – Ostseebad Kühlungsborn

den (herausgebrochene Balustraden, beschmierte Wände, eingeschlagene Fenster, ramponierte Säulen) setzten der Immobilie empfindlich zu – in Dutzenden Presseartikeln im Kontext der Schicksalsgeschichte des Hauses dargestellt: Das aus Berlin stammende Ehepaar Hausmann bleibt kinderlos, und viel zu kurz währt ihr Ostseetraum. Wilhelm Hausmann stirbt 1921 mit fünfundsechzig Jahren, Margarete lebt noch bis 1929, wird sechsundsechzig Jahre alt. Die Villa hatte sie testamentarisch der Berliner Hochschule für die Wissenschaft des Judentums vermacht. Ab 1931 nutzt diese den prächtigen Bau in Form einer Stiftung für wissenschaftliche Tagungen und als Erholungsheim für jüdische Akademiker und ihre Angehörigen. Zur Eröffnung am 28. Juni hält der Rabbiner und Religionsphilosoph Leo Baeck eine Rede, verströmt Hoffnung und Zuversicht. Siegfried Silberstein, seit 1910 Landesrabbiner von Mecklenburg-Schwerin, zieht einen Vergleich zwischen der geschätzten Institution mit dem biblischen Mirjamsbrunnen: »Hier mögen die im Kampfe des Lebens angespannten und verzehrten körperlichen und geistigen Kräfte Entspannung und Verjüngung finden, seelische Überwindung des Alltagslebens, Erhebung und ideale Förderung.« Bis zum Herbst 1931, so der erste Jahresrückblick, genießen über hundert Gäste die einzigartige Lage der Villa am Meer, die vorzügliche koschere Verpflegung, die Schabbat-Gottesdienste. Nicht zu vergessen: die breite Strandpromenade am Waldesrand und die Seebrücke bis in die Nacht im Laternenglanz.

Die »Nürnberger Gesetze« 1935 beschleunigen das Aus für das »Judenschloß«. Der Erholungsbetrieb wird geschlossen, die Hausmann-Stiftung enteignet, das Stiftungskapital zum NS-Gemeindevermögen Kühlungsborn hinzuaddiert. Ab 1938 führt die »Goebbels-Stiftung für Bühnenschaffende« im

»jüdischen Marmorpalast« Regie. Zuvor wird die umfangreiche Hausbibliothek »gesäubert«, was nach »Judenschwarten« riecht, landet im Altpapier.

*

Ähnlich wie Kühlungsborn wird Kolberg 1938 zu einem Kdf-Vorzeigebad – erweitert durch einen Kasernenkomplex. Das Denkmal zu Ehren Hermann Hirschfelds: 1933 zertrümmert und demontiert. Das *Jüdische Kurhospital*: aufgelöst und nach der Verwüstung der Kolberger Synagoge im November 1938 zu einer Kohlenhandlung degradiert.

Im Anschluss an zahlreiche andere Ostseebäder geben Zoppot und Hiddensee zum Sommer 1938 bekannt: »Für jüdische Badegäste gesperrt!« Gleiches ist auch aus Wustrow zu hören. Im Antwortschreiben zu den Fragen des Landesfremdenverkehrsverbands Mecklenburg (einem der wenigen überlieferten Dokumente dieser Art im Kreisarchiv Stralsund), heißt es 1937: »Zu 1.) ein jüdisches Kinderheim für ca. 30 Kinder.« Damit ist 1938 Schluss, nachdem das Waisenhaus der Jüdischen Gemeinde Berlin unter dem Zwang der »Arisierungen« sein Ferienheim verlassen und verkaufen muss. Die übrigen Antworten aus Wustrow an den Landesfremdenverkehrsverband: »Zu 2.) Keine weiteren jüdischen Gäste. Zu 3.) 1935 und 1936 waren jüdische Gäste nicht mehr im Ort. Zu 4.) Juden sind im Ostseebad Wustrow unerwünscht. Bekanntmachung von der Gemeindeverwaltung erlassen. Zu 5.) Die Juden müssen sich selbst ein Bad eröffnen.«

Auch die Kunstmalerin Edla Charlotte Rosenthal ist von dem Verbot betroffen, als Jüdin Grund und Boden zu besitzen. 1938 räumt sie ihre Althäger Büdnerei. Vergeblich wartet sie auf den vereinbarten Verkaufserlös.

*

Im Sommer 1939 strahlen die Ostseebäderprospekte noch greller – allgegenwärtig die Hakenkreuzflagge, als wachse sie aus dem Ostseesand hervor. Die Strände in Boltenhagen und auf der Insel Poel zeigen makellose »Menschen im Sonnenschein«. Aus Holstein ruft es: »Gebräunt, gestärkt und genesen, dann bist DU in DAHME gewesen!« Abgrenzend vom KdF-Rummel präsentiert sich Ahrenshoop als »etwas Idyllisches und Fröhliches, ein lustiges Lächeln«.

Edla Charlotte Rosenthal zieht sich nach Werder bei Potsdam zurück. Am 14. April 1942 wird ihr Name auf der Liste für den Transport ins Vernichtungslager Treblinka stehen.

Anfang Juni 1940 erhält Käthe Kollwitz die erste Nachricht von ihrem Enkel Peter, aber »noch ohne seine Feldpostnummer«. Im Frühjahr wurde er zur Wehrmacht eingezogen. Die zweite Nachricht drei Wochen später. Dann lange nichts. Die Tagebucheinträge verstummen mehr und mehr – bis zum 19. November 1942: »Unterdes war Hans hier. Am Mittwoch 14. Oktober. Er kam ganz still zu mir herein. Da wußte ich, daß Peter tot ist. Am 22. September ist er gefallen.« Im Mai 1943 stellt Käthe Kollwitz ihre Notizen ein.

Eva Klemperer teilt mit ihrem Mann Victor die Schmach und Todesfurcht in den Dresdner »Judenhäusern«. Ins erste steckt man das in »privilegierter Mischehe« lebende Paar Ende Mai 1940, Caspar-David-Friedrich-Straße 15b. Selbst schwer krank, ist Eva auch jetzt für Victor da, assistiert ihm inmitten des Elends bei der Abfassung seiner Tagebücher, besorgt wichtige politische Informationen, hört den Dresdner Stadtfunk ab und bringt schließlich Victors Manuskripte bei einer Freundin in Pirna in Sicherheit.

Die Seebrücke im Ostseebad Kolberg und die Promenade von Cranz um 1940/41

Die Seebrücke in Ahlbeck 1940 und die Promenade von Warnemünde um 1935

Eva und Victor Klemperer um 1936

Als Klemperers 1945 aus dem zerbombten Dresden vorübergehend nach München fliehen, nehmen sie auch Evas Kompositionen (wenigstens einige hat sie im Laufe der Jahre auf Notenblättern niederschreiben können) in einem Koffer mit. Er wird in den Wirren der Nachkriegszeit verloren gehen.

Nach ihrer Flucht vor der Gestapo in Berlin wandert Dora Diamant 1938 über mehrere Stationen 1940 nach London aus. An der Jahreswende zu 1941 friert die Ostsee zu. Eisschollen türmen sich grollend auf, zerbersten die Seebrücken in Müritz und Graal. In Dora Diamants Aufzeichnungen vor ihrem Tod im britischen Exil 1952, erstmals veröffentlicht in ihrer Biografie, leuchten blitzlichtartig Momente aus der Ferienkolonie auf: »Franz hilft Kartoffeln schälen im Volksheim in Müritz. – Die Nacht auf der Landungsbrücke. – Auf der Bank im Müritzer Wald. – (...) Es gibt kein Fertig-Werden, kein Abschließen. Was wir wahrnehmen, ist Weg, Werden, ein Fließen, Bewegung (Fluss des Lebens, des Seins?).«

*

Welle für Welle spült das Meer Gewesenes und Gewordenes an den Strand. Schweres und Leichtes. Grobes und Feines. Lückenhaftes vor allem. Mancherlei saugt sich wie Seepocken am Schiffskiel irgendwo fest, um die Untiefen schadlos zu überstehen. Anderes schwebt ziellos vor sich hin.

Rund sechzig Jahre reisten jüdische Badegäste zur Sommerfrische an die Ostsee. Niemand kennt ihre Zahl, weiß, wie viele es in den einzelnen Seebädern je waren. Ihre Spuren sind verweht, verwischt. Beweisstücke ihrer Verfolgung und Vertreibung wurden im Reißwolf zermahlen, »damit sie nicht dem Feind in die Hände fallen«, so eine der letzten NS-Anweisungen zur »Behandlung von Entjudungsakten« am

16. Februar 1945, mit der das über eintausendsiebenhundert antijüdische Maßnahmen umfassende Kompendium *Das Sonderrecht für die Juden im NS-Staat* (1988) schließt. Erinnerungen kann man nicht fotografieren, schreibt George Grosz 1946 in *A Little Yes and a Big No*, als er im New Yorker Exil sein Leben rekapituliert, seine Reisen an die Ostsee.

Kann man sie hören? Ertasten? Erspüren?

Was weiß das Meer?

Bis die versenkte Kriegsmunition zum Thema wird,
sollte es noch lange dauern.

Verwendete Literatur

Ahrenshoop. Die Geschichte eines Dorfes zwischen Fischland und Darß, Fischerhude 1992

Alicke, Klaus-Dieter: Lexikon der jüdischen Gemeinden im deutschen Sprachraum, 3 Bände, Gütersloh 2008

Appel, Susanne: Reisen im Nationalsozialismus. Eine rechtshistorische Untersuchung, Baden-Baden 2001

Archiv für den Fremdenverkehr. Vierteljahresschrift des Forschungsinstituts für den Fremdenverkehr, Berlin 1930/31 bis 1933

Baenz, Ulrich: Zinnowitz. Seebad auf Usedom, Peenemünde 1993

Baerens, Matthias: Die »Arisierung« des jüdischen Kaufhauses Kychenthal in Schwerin, in: Irene Dieckmann (Hrsg.): Wegweiser durch das jüdische Mecklenburg-Vorpommern, Potsdam 1998

Bajohr, Frank: »Unser Hotel ist judenfrei!« Bäder-Antisemitismus im 19. und 20. Jahrhundert, Frankfurt am Main 2003

Barkai, Avraham: »Wehr Dich!« Der Centralverein deutscher Staatsbürger jüdischen Glaubens (C. V.) 1893–1938, München 2002

Barnewitz, Friedrich: Geschichte des Hafenorts Warnemünde, Rostock 1919 und Reprint der Originalausgabe von 1925, Wismar 2009

Bauschinger, Sigrid: Else Lasker-Schüler. Eine Biographie, Göttingen 2004

Bauschmid, Elisabeth: Tippfräulein mit Pianistenhänden. Die Frau an seiner Seite: Vor fünfzig Jahren starb Eva Klemperer, die Retterin der Tagebücher des Victor Klemperer, in: Süddeutsche Zeitung, 21. Juli 2001

Beier, Astrid: Meine Suche nach Edla Charlotte Rosenthal, Niehagen auf dem Fischland 2016

Bohnke-Kollwitz, Jutta (Hrsg.): Käthe Kollwitz. Die Tagebücher 1908–1943, Berlin 1989

Brenner, Michael: Zwischen Marienbad und Norderney. Der Kurort als »Jewish Space«, in: Jüdischer Almanach des Leo Baeck Institut. Orte und Räume. Herausgegeben von Gisela Dachs, Frankfurt am Main 2001

Brocke, Michael (Hrsg.): Zur Geschichte und Kultur der Juden in Ost- und Westpreußen. Hildesheim/Zürich/New York 2000

Buch der Erinnerung. Juden in Dresden, Dresden 2006

Clemens, Marianne: Unruhige Zeiten in unserem Land, Bad Münder 2005

Darßer Heimatbuch, Ostseebad Prerow 1938

Der Begleiter am Ostseestrande. Herausgegeben vom Verband Deutscher Ostseebäder e.V., Berlin o. J. (1913)

Der Fremdenverkehr. Mitteilungsblatt und Nachrichtendienst des Reichsfremdenverkehrsverbandes, Berlin 1935 und 1936

Der gute Ton in allen Lebenslagen, Leipzig 1883

Der Ostsee-Bote. Generalanzeiger für Bad Doberan, die Ostseebäder Brunshaupten, Arendsee, Fulgen und Alt-Gaarz, Schwerin 1933–1938

Der Strandwanderer. Die wichtigsten Strandpflanzen, Meeresalgen und Seetiere, München 1905

Deutsches Ostseebad Zinnowitz auf Usedom. Herausgegeben von der Bade-Direktion, Zinnowitz 1930

Diamant, Kathi: Dora Diamant. Kafkas letzte Liebe, Düsseldorf 2013

Die deutsche Ostsee. Zeitschrift des Verbandes Deutscher Ostseebäder e.V., Berlin 1925–1928

Dieckmann, Irene (Hrsg.): Wegweiser durch das jüdische Mecklenburg-Vorpommern, Brandenburg 1998

Dose, Ralf: Die Familie Hirschfeld aus Kolberg, in: Elke-Vera Kotowski/Julius H. Schoeps (Hrsg.): Magnus Hirschfeld. Ein Leben im Spannungsfeld von Wissenschaft, Politik und Gesellschaft, Berlin 2004, 33-64

Eints, Dieter: Warnemünder Lokale. Geschichte der Warnemünder Gaststätten und Hotels 1570 bis 1990, Rostock 2009

Erholungsorte und Erholungsheime an der Ostsee im Kriegsjahr 1915. Ratgeber für Erholungsuchende. Herausgegeben vom Verband Deutscher Ostseebäder, Berlin 1915

Faust, Manfred: Das Capri von Pommern. Geschichte der Insel Hiddensee von den Anfängen bis 1990, Rostock 2000

Ferien an der deutschen Ostsee. Herausgegeben von der Arbeitsgemeinschaft Ostsee beim Bund Deutscher Verkehrsverbände und Bäder, Berlin 1934 und 1935

Fischer-Defoy, Christine (Hrsg.): George Grosz am Strand. Ostsee-Skizzen, Berlin 2001

Führer durch die Badeorte des Verbandes Deutscher Ostseebäder, Berlin 1905

Führer durch die Badeorte des Verbandes Deutscher Ostsee=Bäder. Nach Beiträgen der Badeverwaltungen zusammengestellt und herausgegeben vom Verband Deutscher Ostseebäder e.V., Stettin 1913 und 1914

Führer durch die Badeorte des Verbandes Deutscher Ostseebäder, Berlin 1929

Führer durch die Mecklenburgischen Ostseebäder. Herausgegeben und verlegt von der Geschäftsstelle des Verbandes mecklenburgischer Ostseebäder, Warnemünde 1911

Fürst, Max: Gefilte Fisch. Eine Jugend in Königsberg. Mit einem Nachwort von Helmut Heißenbüttel, München 1972

Gräfe, Thomas: Antisemitismus in Gesellschaft und Karikatur des Kaiserreichs. Glöß' Politische Bilderbogen 1892–1901, Norderstedt 2005

Gräfe, Thomas: Politische Bilderbogen (1892-1901), in: Wolfgang Benz (Hrsg.): Handbuch des Antisemitismus. Judenfeindschaft in Geschichte und Gegenwart. Bd. 6, Publikationen, Berlin 2013, 543–545

Grieben Reiseführer. Insel Rügen, Berlin 1925

Grieben Reiseführer. Insel Usedom, Berlin 1933

Grieben Reiseführer. Mecklenburg, Berlin 1916

Grieben Reiseführer. Ostseebäder, Berlin 1924

Grieben Reiseführer. Ostseebäder und wichtige Küstenstädte, Berlin 1929

Grieben Reiseführer. Swinemünde, Ahlbeck, Heringsdorf, Bansin, Berlin 1921

Grosz, George: Brief an Otto Schmalhausen, Prerow, 28. Juli 1931, in: Fischer-Defoy, Christine (Hrsg.): George Grosz am Strand. Ostsee-Skizzen, Berlin 2001, 118–121

Grosz, George: Brief an Eduard Plietzsch, Prerow, 23. August 1931, in: Fischer-Defoy, Christine (Hrsg.): George Grosz am Strand. Ostsee-Skizzen, Berlin 2001, 122–124

Grosz, George: Brief an Otto Schmalhausen, Prerow, 23. August 1931, in: Fischer-Defoy, Christine (Hrsg.): George Grosz am Strand. Ostsee-Skizzen, Berlin 2001, 130–133

Grosz, George: A Little Yes and a Big No, New York 1946, deutsche Übersetzung: Ein kleines Ja und ein großes Nein, Hamburg 1955

Hosfeld, Rolf: Tucholsky. Ein deutsches Leben, München 2012

Illustrierte Reise- und Bäderzeitung. Offizielles Organ des Rügenschen Ostseebäder-Verbandes, Binz 1913-1917

Jahncke, Jürgen: Ostseebad Kühlungsborn. Die frühe Entwicklung der Badeorte Fulgen, Brunshaupten und Arendsee (1888-1919), Kühlungsborn 2016

Jahncke, Jürgen: Kühlungsborn. 80 Jahre Stadtrechtverleihung und Namensgebung, Kühlungsborn 2018

Jahncke, Jürgen: Dies soll im Gedächtnis bleiben, in: Ostsee-Zeitung v. 12. September 2020

Jahrbuch des Deutschen Fremdenverkehrs, Berlin 1938

Kabus, Ronny: Juden in Ostpreußen. Herausgegeben vom Ostpreußischen Landesmuseum, Husum 1998

Kaule, Martin: Ostseeküste 1933-1945. Mit Polen und Baltikum. Der historische Reiseführer, Berlin 2009

Keitel, Wolfgang und Olsson, Leif, Max Hirsch: Rheumatologe und Badearzt. Ein jüdisches Schicksal, Wettin-Löbejün 2013

Kempner, Friederike: Gedichte, Berlin 1903

Kerr, Alfred: Die Welt im Licht, Berlin 1920

Kerr, Alfred: Lebenslauf 1927, in: Alfred Kerr: Das war meine Zeit. Erstrittenes und Durchlebtes. Herausgegeben von Deborah Vietor-Engländer, Frankfurt am Main 2013

Klemperer, Victor: Curriculum Vitae. Erinnerungen eines Philologen 1881–1918, Bd. 1, Berlin und Weimar 1989

Klemperer, Victor: Ich will Zeugnis ablegen bis zum letzten. Tagebücher 1933–1945. Herausgegeben von Walter Nowojski unter Mitarbeit von Hadwig Klemperer. 8 Bände. Berlin 1999

Klemperer, Victor: Leben sammeln, nicht fragen wozu und warum. Tagebücher 1922–1923. Herausgegeben von Walter Nowojski unter Mitarbeit von Christian Löser, Berlin 2000

Klemperer, Victor: Leben sammeln, nicht fragen wozu und warum. Tagebücher 1926–1928. Herausgegeben von Walter Nowojski unter Mitarbeit von Christian Löser, Berlin 2000

Klemperer, Victor: Leben sammeln, nicht fragen wozu und warum Tagebücher 1929–1932. Herausgegeben von Walter Nowojski unter Mitarbeit von Christian Löser, Berlin 2000

Kollwitz, Käthe: Aus meinem Leben. Ein Testament des Herzens. Mit Zeichnungen von Käthe Kollwitz und einem Vorwort von Hans Kollwitz, München 1957

Kühlungsborn. Ein Streifzug durch das Leben des Badeortes, Rostock 2006

Kumpfmüller, Michael: Die Herrlichkeit des Lebens, Köln 2011

Kurilo, Olga (Hrsg.): Entwicklung des Tourismus in Ost- und Westpreußen im 19. und 20. Jahrhundert am Beispiel der Seebäder, in: Dies. (Hrsg.): Mobilität und regionale Vernetzung zwischen Oder und Memel: eine europäische Landschaft neu zusammensetzen, Berlin 2011

Kurilo, Olga (Hrsg.): Zoppot, Cranz, Rigascher Strand. Ostseebäder im 19. und 20. Jahrhundert, Berlin 2011

Kurilo, Olga (Hrsg.): Kurort als Tat- und Zufluchtsort. Konkurrierende Erinnerungen im mittel- und osteuropäischen Raum im 19. und 20. Jahrhundert, Berlin 2014

Kurilo, Olga: Kulturlandschaft Samland. Kollektives Gedächtnis und Identitätswandel vom 19. bis 21. Jahrhundert, Berlin 2016

Kurzer Führer für Ostseebad Prerow und den Darß, Prerow 1935

Lammel, Inge: Das Jüdische Waisenhaus in Pankow, Berlin 2001

Lasker-Schüler, Else: Werke und Briefe. Kritische Ausgabe. Im Auftrag des Franz Rosenzweig-Zentrums der Hebräischen Universität Jerusalem, der Bergischen Universität Wuppertal und des Deutschen Literaturarchivs Marbach am Neckar herausgegeben von Norbert Oellers, Heinz Röllecke und Itta Shedletzky, Bd. 3.1. Prosa 1903–1921. Bearbeitet von Ricarda Dick, Frankfurt/Main 1998

Lasker-Schüler, Else: Werke und Briefe. Kritische Ausgabe. Im Auftrag des Franz Rosenzweig-Zentrums der Hebräischen Universität Jerusalem, der Bergischen Universität Wuppertal und des Deutschen Literaturarchivs Marbach am Neckar herausgegeben von Norbert Oellers, Heinz Röllecke und Itta Shedletzky, Bd. 3.2. Prosa 1903–1921. Anmerkungen. Bearbeitet von Ricarda Dick, Frankfurt/Main 1998

Lasker-Schüler, Else: Werke und Briefe. Kritische Ausgabe. Im Auftrag des Franz Rosenzweig-Zentrums der Hebräischen Universität Jerusalem, der Bergischen Universität Wuppertal und des Deutschen Literaturarchivs Marbach am Neckar herausgegeben von Norbert Oellers, Heinz Röllecke und Itta Shedletzky, Bd. 4.1. Prosa 1921–1945. Nachgelassene Schriften. Bearbeitet von Karl Jürgen Skrodzki und Itta Shedletzky, Frankfurt/Main 2001

Lasker-Schüler, Else: Werke und Briefe. Kritische Ausgabe. Im Auftrag des Franz Rosenzweig-Zentrums der Hebräischen Universität Jerusalem, der Bergischen Universität Wuppertal und des Deutschen Literaturarchivs Marbach am Neckar herausgegeben von Norbert Oellers, Heinz Röllecke und Itta Shedletzky, Bd. 4.2. Prosa 1921–1945. Nachgelassene Schriften. Anmerkungen. Bearbeitet von Karl Jürgen Skrodzki und Itta Shedletzky, Frankfurt/Main 2001

Lasker-Schüler, Else: Werke und Briefe. Kritische Ausgabe. Im Auftrag des Franz Rosenzweig-Zentrums der Hebräischen Universität Jerusalem, der Bergischen Universität Wuppertal und des Deutschen Literaturarchivs Marbach am Neckar herausgegeben von Norbert Oellers, Heinz Röllecke und Itta Shedletzky, Bd. 7, Briefe 1914–1924. Bearbeitet von Karl Jürgen Skrodzki, Frankfurt/Main 2004

Lasker-Schüler, Else: Werke und Briefe. Kritische Ausgabe. Im Auftrag des Franz Rosenzweig-Zentrums der Hebräischen Universität Jerusalem, der Bergischen Universität Wuppertal und des Deutschen Literaturarchivs Marbach am Neckar herausgegeben von Norbert Oellers, Heinz Röllecke und Itta Shedletzky, Bd. 8, Briefe 1925–1933. Bearbeitet von Sigrid Bauschinger, Frankfurt/Main 2005

Lasker-Schüler, Else: Die Gedichte. Herausgegeben und kommentiert von Gabriele Sander, Stuttgart 2016

Leiserowitz, Ruth: Sabbatleuchter und Kriegerverein. Juden in der ostpreußisch-litauischen Grenzregion 1812–1942, Osnabrück 2010

Lichtblau, Albert: Die Chiffre Sommerfrische als Erinnerungstopos. Der retrospektiv-lebensgeschichtliche Blick, in: Sabine Hödl/Eleonore Lappin (Hrsg.): Erinnerung als Gegenwart. Jüdische Gedenkkulturen, Berlin 2000, 89–128

Lohalm, Uwe: Völkischer Radikalismus. Die Geschichte des Deutschvölkischen Schutz- und Trutzbundes 1919-1923, Hamburg 1970

Magas, Marion: Wie sich die Malweiber die Ostsee eroberten, Berlin 2008

Matthäus, Wolfgang: Warnemünde und sein Strandleben in den 1930er Jahren, in: Tidensbringer, Bd. 22, 2017/2018

Mecklenburgs östliche Seebäder, Berlin-Charlottenburg 1912-1913

Mosse, Werner E./Paucker, Arnold (Hrsg.): Juden im wilhelminischen Deutschland 1890–1914, Tübingen 1976

Negendanck, Ruth: Anna Gerresheim. Ihr Weg nach Ahrenshoop, Fischerhude 2002

Nielsen, Asta: Die schweigende Muse, Rostock 1961

Niederdeutscher Beobachter, Schwerin 1929–1938

Nordost-Deutschland. Handbuch für Reisende von Karl Baedeker, Leipzig 1914

Ostseebad und Waldluft-Kurort Graal. Herausgegeben von der Badeverwaltung, Graal 1929

Ostseebad Müritz in Mecklenburg, Ribnitz 1930

Ostseeinsel Hiddensee. Herausgegeben von der Badeverwaltung, o. O. 1929-1937

Ostseebad Zinnowitz auf Usedom. Landesfremdenverkehrsverband Pommern e.V., Stettin 1937

Paucker, Arnold: Der jüdische Abwehrkampf gegen Antisemitismus und Nationalsozialismus in den letzten Jahren der Weimarer Republik, Hamburg 1969

Pommern 1934/35 im Spiegel von Gestapo-Lageberichten und Sachakten (Darstellung. Veröffentlichungen aus den Archiven Preußischer Kulturbesitz, Band 11, Köln und Berlin 1974

Pommern 1934/35 im Spiegel von Gestapo-Lageberichten und Sachakten (Quellen). Veröffentlichungen aus den Archiven Preußischer Kulturbesitz, Band 12, Köln und Berlin 1974

Rauch, Thilo: Die Ferienkoloniebewegung. Zur Geschichte privater Fürsorge im Kaiserreich, Wiesbaden 1992

Reichmann, Eva: Die Flucht in den Hass. Die Ursachen der deutschen Judenkatastrophe, Frankfurt am Main 1956

Roth, Joseph: Ostsee-Reise, in: Joseph Roth. Werke 2. Das journalistische Werk 1924–1928. Herausgegeben und mit einem Nachwort von Klaus Westermann, Köln 1990, 210-213

Roth, Joseph: Das Hakenkreuz auf Rügen, in: Joseph Roth. Werke 2. Das journalistische Werk 1924-1928. Herausgegeben und mit einem Nachwort von Klaus Westermann, Köln 1990, 214-216

Ruprecht, Thomas M.: Das jüdische Kurhospital in Kolberg 1974-1938, in: »Halte fern dem ganzen Lande jedes Verderben ...« Geschichte und Kultur der Juden in Pommern. Herausgegeben von Margret Heitmann und Julius Schoeps unter Mitwirkung von Bernhard Vogt, Hildesheim, Zürich, New York 1995, 353–365

Schlicht, Oscar: Das westliche Samland, Erster und Zweiter Band, Dresden 1922

Schneider, Katja: Marguerite Friedlaender-Wildenhain: Vom Bauhaus an den Pazifik, in: Britta Jürgs (Hrsg.): Vom Salzstreuer bis zum Automobil. Designerinnen. Berlin 2002, 52–71

Schüler-Springorum, Stefanie: Die jüdische Gemeinde Königsbergs 1871–1945, in: Zur Geschichte und Kultur der Juden in Ost- und Westpreußen. Herausgegeben von Michael Brocke, Margret Heitmann und Harald Lordick, Hildesheim/Zürich/New York 2000, 165–186

Schüler-Springorum, Stefanie: Hannah Arendt und Königsberg, in: Zur Geschichte und Kultur der Juden in Ost- und Westpreußen. Herausgegeben von Michael Brocke, Margret Heitmann und Harald Lordick, Hildesheim/Zürich/New York 2000, 511–529

Schulze, Jan-Peter: Richard Siegmann. »... aber wir waren Deutsche ...«, Rostock 2011

Seeligs Führer. Mecklenburg. Hauptstädte, Seebäder, Sommerfrischen. Mit Karten und Plänen, Hamburg 1891

Soden, Kristine, von: Backstein, Seebad, Kranichflüge. Sehnsuchtstage an der Ostsee, Wien 2007, 2. Auflage 2008

Soden, Kristine, von: Der Butt, die Baukunst und das Meer. Lesereise Backsteinstädte, Wien 2009

Soden, Kristine von: Stille Winkel auf Fischland, Darß und Zingst, Hamburg 2011, 4. Auflage 2022

Soden, Kristine von: Stille Winkel auf Usedom, Hamburg 2013

Soden, Kristine von: Ahrenshoop. Balancieren auf der Meerschaumlinie, Berlin 2015, 3. Auflage 2021

Soden, Kristine von: »Und draußen weht ein fremder Wind ...« Über die Meere ins Exil, Berlin 2016, 2. Auflage 2020

Soden, Kristine von: Zur Sommerfrische nach Graal und Müritz. Alfred Kerr, Kurt Tucholsky, Franz Kafka und die jüdische Ferienkolonie im »Haus Kinderglück«. Herausgegeben von der Tourismus- und Kur-GmbH, Graal-Müritz 2017

Soden, Kristine, von: »... nach dem nördlichen Eismeer zu sehe ich noch eine kleine Tür.« Schiffswege von Künstlern und Literaten ins Exil (1933-1941). Katalog zur gleichnamigen Ausstellung im Kunstmuseum Ahrenshoop vom 1. Dezember 2018 bis 7. April 2019, o. O. 2018

Soden, Kristine, von: Ahrenshoop höchstpersönlich, Berlin 2020

Soldenhoff, Richard von (Hrsg.): Kurt Tucholsky. 1890–1935. Ein Lebensbild, 1987

Spitzmüller, Beate: Julie Wolfthorn, in: Britta Jürgs (Hrsg.): Denn da ist nichts mehr, wie es die Natur gewollt. Portraits von Künstlerinnen und Schriftstellerinnen um 1900, Berlin 2001

Stadt- und Landbote. General=Anzeiger für Ribnitz, Damgarten und Umgebung. Für die Ostseebäder Graal, Müritz, Neuhaus, Dändorf, Dierhagen, Wustrow, Althagen, Niehagen, Ahrenshoop 1911ff.

Stern, Carola: In den Netzen der Erinnerung, Reinbek bei Hamburg 1986

Tucholsky, Kurt: Deutschland, Deutschland über alles, Reinbek bei Hamburg 1964. Faksimiledruck nach der Ausgabe von 1929

Verband Deutscher Ostseebäder e.V.: Bericht der Geschäftsjahre, Berlin 1912–1926

Verkehr und Bäder. Herausgegeben von der Reichszentrale für Deutsche Verkehrswerbung und Allgemeinem Deutschen Bäderverband, Berlin 1924–1930

Walk, Joseph (Hrsg.): Das Sonderrecht für die Juden im NS-Staat. Eine Sammlung der gesetzlichen Maßnahmen und Richtlinien – Inhalt und Bedeutung, Heidelberg 1981/1996

Wegener, Georg: Land und Leute. Monographien zur Erdkunde. Deutsche Ostseeküste, Bielefeld und Leipzig 1900

Wegner, Christoph: Spuren jüdischen Lebens in Warnemünde, in: Tidingsbringer. Ein Warnemünder Bäderjournal, Band 25, 2020/2021

Weil, Grete: Vom jüdischen Volksheim in Berlin, in: Jüdische Wohlfahrtspflege und Sozialpolitik: Zeitschrift der Zentralwohlfahrtsstelle der deutschen Juden, Jg. 1930, 281–284

Wiebel, Arnold: Die Reise nach Brunshaupten. Jochen und Hanni Kleppers Besuch der Ostseeküste 1934. Zum 100. Geburtstag von Jochen Klepper, in: Zeitgeschichte regional. Mitteilungen aus Mecklenburg-Vorpommern, 7. Jg., 2003, Heft 1

Wildt, Michael: »Der muß hinaus! Der muß hinaus!« Antisemitismus in deutschen Nord- und Ostseebädern 1920–1935, in: Mittelweg 26, Heft 4, 2001, 2–25
Wilhelmus, Wolfgang: Zur Vertreibung der Juden aus den Ostseebädern, in: Heimathefte für Mecklenburg und Vorpommern, Bd. 12, Heft 4, 2002, 8–10
Wolf, Mathias: Schreibmaschinen am Strand. Kurt Tucholsky und Erich Kästner in Warnemünde, in: Nordkurier. Nordbrandenburger Zeitung, 148 (28. Juni), 2007

Young-Bruehl, Elisabeth: Hannah Arendt. Leben, Frankfurt am Main 1991

Zeitschrift für Balneologie, Klimatologie und Kurort-Hygiene, Berlin/Wien 1909-1919/20

Prospekt Die guten Reisewege nach Warnemünde *1933*

Jüdische Periodika

Allgemeine Zeitung des Judentums. Ein unparteiisches Organ für alles jüdische Interesse, Berlin 1890–1922

Blätter des Jüdischen Frauenbundes, Berlin 1924–1938, ab April 1929: Blätter des Jüdischen Frauenbundes für Frauenarbeit und Frauenbewegung

C.V.-Zeitung. Blätter für Deutschtum und Judentum. Organ des Centralvereins deutscher Staatsbürger jüdischen Glaubens, Berlin 1922–1938

Im deutschen Reich. Zeitschrift herausgegeben von dem Centralverein deutscher Staatsbürger jüdischen Glaubens, Berlin 1895–1921

Israelitisches Familienblatt, Hamburg/Berlin 1898–1938

Jüdische Rundschau, Berlin 1904–1938

Jüdisches Wochenblatt, Berlin/Frankfurt am Main 1924–1929, ab 1926: Offizielles Mitteilungsblatt des »Vereins jüdischer Hotelbesitzer und Restaurateure e.V.«

Königsberger Jüdisches Gemeindeblatt 1925–1938

Neue Jüdische Monatshefte. Zeitschrift für Politik, Wirtschaft und Literatur in Ost und West, Breslau/Berlin 1916–1920

Besuchte Archive und Bibliotheken

Archiv der Akademie der Künste, Berlin
Nachlass Alfred Kerr

Archiv des Heimatmuseums Hiddensee, Kloster auf Hiddensee

Deutsche Nationalbibliothek, Frankfurt am Main und Leipzig

Heimatmuseum Graal-Müritz, Ostseeheilbad Graal-Müritz

Heimatmuseum Warnemünde, Seebad Warnemünde

Institut für die Geschichte der deutschen Juden, Hamburg

Kreisarchiv Stralsund, Landkreis Vorpommern-Rügen, Stralsund

Verwendete Akten mit den Signaturen/Titeln:
R 6/0016 Bäderwesen
R 6/0035 NSDAP
R 69/0040 Kraft durch Freude
R 69/0042 Landesfremdenverkehrsverband
R 69/0044 Badeangelegenheiten und Werbesachen
R 69/0048 Polizeiverordnungen
R 69/0063 Badeangelegenheiten
R 69/0066 Verband Mecklenburgische Ostseebäder
R 69/0068 Bäderverwaltung, Reklame
R 69/0072 Nacktkultur
R 69/0074 Ostseebad Wustrow
R 69/0075 Badeangelegenheiten
R 69/0079 Seelandebrücken und Badeangelegenheiten
R 69/0081 Wahlangelegenheiten
R 69/0126 Prospekte und Fotos Wustrow
R 69/0149 Kraft durch Freude
R 69/0152 Rundschreiben Landesfremdenverkehrsverband
R 69/0153 Kraft durch Freude

R 69/0161 Kreis-Polizeibehörde
R 69/0174 Kurtaxenangelegenheiten
R 69/0186 Pressedienst
R 52/0004 Anordnungen der Geheimen Staatspolizei
R 52/0015 Ortspolizeibehörde
R 52/0017 Ortspolizeibehörde
R 52/0025 Badeverwaltung
R 52/0030 Polizeiliche Verfügungen
R 52/0031 Badeverwaltung
R 52/0034 Badeverwaltung
R 52/0036 Landesfremdenverkehrsverband
R 52/0044 Geheime Staatspolizei

Landesarchiv Greifswald, Landesamt für Kultur und Denkmalpflege, Greifswald
Verwendete Akten mit den Signaturen/Titeln:
Rep. 60, Jüdisches Kurhospital Kolberg (1906-1932)
Rep. 65c, Greifswald Nr. 37 (Schutz der Reichsflaggen in den Seebädern)
Rep. 66, Usedom-Wollin Nr. 1123 (Flaggenangelegenheiten)
Rep. 66a, Franzburg-Barth Nr. 384 (Schriftverkehr der Kur- und Gemeindeverwaltung Prerow 1938)

Landesbibliothek Mecklenburg-Vorpommern Günther Uecker, Landesamt für Kultur und Denkmalpflege Mecklenburg-Vorpommern, Schwerin

Regionalarchiv Ahrenshoop, Ostseebad Ahrenshoop

Stadtarchiv Ribnitz, Ribnitz-Damgarten

Stadtarchiv Rostock, Rostock

Archiv Stiftung Neue Synagoge Berlin – Centrum Judaicum, Berlin

Ostseebad Zinnowitz auf Usedom

Bildnachweis

Vorsatz/Nachsatz: Karte »Pommern« aus: Otto Sommer: *Die Provinz Pommern*, Berlin 1901 (*Landeskunde Preußens*, hrsg. von A. Beuermann, H. 10). Landesbibliothek Mecklenburg-Vorpommern Günther Uecker, Schwerin, Signatur 44 A 1581

S. 51: © ullsteinbild – ullsteinbild

S. 61: © Magnus-Hirschfeld-Gesellschaft e.V., Berlin

S. 74: Annoncen aus: *Deutsches Ostseebad Zinnowitz auf Usedom* (1930)

S. 76–80: © Sammlung der Historischen Gesellschaft zu Seebad Zinnowitz auf Usedom e. V.

S. 83: © Stiftung Neue Synagoge – Centrum Judaicum, Archiv

S. 102–104: © Landesarchiv Greifswald

S. 108: Foto: Max Ebel / © Archiv Marion Magas, Hiddensee

S. 119: © Deutsches Literaturarchiv Marbach

S. 120: © Archiv Heimatmuseum Hiddensee

S. 122/123: © Archiv Heimatmuseum Hiddensee

S. 137: © Archiv Gedenkbuch in der Jüdischen Gemeinde Dresden

S. 141: © Regionalarchiv Ostseebad Ahrenshoop

S. 142: Privatarchiv Astrid Beier, Ahrenshoop//Rostock

S. 150: © Heinz Föppel

S. 165: © Stadtarchiv Rostock

S. 168 (oben): © Stadtarchiv Rostock

S. 168 (Mitte und unten), : © Heimatmuseum Warnemünde

S. 171: © Heimatmuseum Warnemünde

S. 175: © Heimatmuseum Warnemünde

S. 184/185: © Kreisarchiv Stralsund

S. 189: © Alexander Schacht

S. 196: © SLUB Dresden / Deutsche Fotothek / Unbekannter Fotograf

S. 199: © Heinz Föppel

S. 211: © Heimatmuseum Warnemünde

Alle übrigen Fotos: Privatarchiv Kristine von Soden

Personenregister

Dank

Mein Dank richtet sich zunächst an Dr. Barbara Unterberger, Landesbibliothek Mecklenburg-Vorpommern, für ihre Unterstützung bei der Suche nach Quellen zu den jüdischen Ferienkolonien an der Ostsee. Ebenso danke ich den Bibliotheksmitarbeiterinnen Gritt Brosowski, Ulrike Schünemann und Dörte Widrinka für die Bereitstellung von Mikrofilmen sowie historischen Ostseelandkarten.

Ohne die Hilfe von Maike Strobel, Universitätsbibliothek Johann Christian Senckenberg, Abteilung Judaica, in Frankfurt am Main, hätte ich zahlreiche Ausgaben jüdischer Zeitungen kaum gefunden und einsehen können. Ertragreiche Recherchen ergaben sich nicht zuletzt über diesen Weg im Institut für die Geschichte der deutschen Juden in Hamburg. Für die engagierte fachliche Betreuung danke ich der Bibliotheksleiterin Susanne Küther.

Auf seltene Dokumente und aufschlussreiche Regionalblätter machte mich im Stadtarchiv Ribnitz-Damgarten Jana Behnke aufmerksam. Im Heimatmuseum Graal-Müritz half Joachim Weyrich bei der Auswahl von Bäderprospekten. Gleiches gilt in Ahrenshoop für Astrid Beier, die mir zudem Einblicke in ihr umfangreiches Privatarchiv gewährte und wertvolle Materialien zur Verwendung übergab.

Wichtige Informationen zum Bäder-Antisemitismus auf Hiddensee verdanke ich Jana Leistner aus dem Archiv des Heimatmuseums der Insel. In angenehmster Arbeitsatmosphäre versorgten mich im Kreisarchiv Stralsund Rita Beu und Bianka Thomas-Jussopow mit enormen Aktenbergen.

Dr. Peter Boethig, Leiter des Kurt Tucholsky Literaturmuseums Schloss Rheinsberg, versicherte mir, dass von Kurt Tucholsky und Else Weil leider keinerlei Zeugnisse zu ihrem

Ostseeaufenthalt in Graal-Müritz existieren. Von Dr. Christoph Hinkelmann, Ostpreußisches Landesmuseum, Lüneburg, erhielt ich nützliche Hinweise zur Geschichte der Seebäder auf dem Samland.

In der Akademie der Künste, Berlin, stand mir Elgin Helmstaedt bei der Entzifferung von Alfred Kerrs Reisenotizbüchern zur Seite. Ralf Dose, Magnus-Hirschfeld-Gesellschaft, Berlin, steuerte Bildschätze zu Else Lasker-Schülers Sommeraufenthalten in Kolberg bei. Fotoporträts stellten uns Axel Grube, onomato Verlag, Düsseldorf, Ruth Lask-Kessentini, Lask Collection, Marion Magas, Hiddensee, sowie Tanja Fengler-Veit, Deutsches Literaturarchiv Marbach, und Bettina Erlenkamp, Sächsische Landesbibliothek – Staats- und Universitätsbibliothek (SLUB), Dresden, zur Verfügung. Sabine Hank, Archiv der Stiftung Neue Synagoge in Berlin – Centrum Judaicum, vervollständigte meine Unterlagen zu jüdischen Ferienheimen.

Im Vorpommerschen Landesarchiv, Greifswald, ermöglichte mir Kerstin Schäffner, mich mit dem Schicksal jener drei jüdischen Mädchen zu beschäftigen, die 1938 als Dresdner Badegäste von der Ostsee vertrieben wurden: Irma, Mirjam und Sonja Sonnenschein. Voller Herzlichkeit bemühte sich Gabriele Atanassow vom Arbeitskreis Gedenkbuch der Gesellschaft für Christlich-Jüdische Zusammenarbeit Dresden e.V. bei Carol Jean Wheightman in den USA, einer Kusine der Mädchen, um die Druckgenehmigung des einziges Fotos von Irma, Mirjam und Sonja Sonnenschein. Ihnen ist mein Buch gewidmet – möge die Erinnerung an sie lebendig bleiben.

Kristine von Soden, im Mai 2018

Zur Neuausgabe

Trotz der hart gewordenen Zeiten für unabhängige Verlage unterstützte Britta Jürgs das Vorhaben für ihren AvivA Verlag von Anfang an: ein neues Cover, der Inhalt deutlich umfangreicher, mehr Abbildungen. Britta Jürgs gilt daher mein größter Dank! Ein Glücksfall für beide Seiten: Als ich im Juli 2021 dem Team vom Max-Samuel-Haus, Stiftung Begegnungsstätte für jüdische Geschichte und Kultur in Rostock (Petra Buntrock, Dr. Ulf Heinsohn und Steffi Katschke), von meinen Wunsch erzählte, die Neuausgabe des Buches mit einer Ausstellung zu dem Thema zu verbinden, bestand sofort Interesse, ein solches Projekt 2023 gemeinsam zu realisieren. Die Freude verdoppelte sich durch die Zusage von Dr. Katrin Arrieta, künstlerische Leiterin des Kunstmuseums Ahrenshoop, die Ausstellung anschließend zu übernehmen.

Schwerpunkt der Ergänzungen im Buch sollte das Strandleben in Warnemünde sein. Eine Fundgrube dazu: der *Warnemünder Bade-Anzeiger*, fast lückenlos im Stadtarchiv Rostock vorhanden und zum Lesen vor Ort ausleibar. Für die Bereitstellung der knapp zwanzig Jahrgänge und zügigen Anfertigung von Scans danke ich Sandy Apelt, Sebastian Eichler, Ramona Fauk, Marie Heinze und Janin Spott. Mit großzügiger Hilfsbereitschaft und ohne jeden bürokratischen Aufwand bot Christoph Wegner, Leiter des Heimatmuseums Warnemünde, historische Fotos, Prospekte und Annoncen für Illustrationen an und vermittelte den Kontakt zu Dr. Jürgen Jahncke, Kühlungsborn, der sein Einverständnis zum Zitieren aus dem von ihm entdeckten Brief eines jüdischen Badegastes (Dr. Hans Oppenheim, 1937) gab.

Im Rahmen einer Begehung der *Villa Baltic* (aus Sicherheitsgründen für die Öffentlichkeit gesperrt) erläuterte mir Anja

Behrendt, PR & Kommunikation, Kühlungsborn, das geplante Sanierungskonzept der Architekten Jan und Berend Aschenbeck, seit 2019 Eigentümer des Objekts. Ein seltenes Foto der ursprünglichen Villenaußensicht bekamen wir von Alexander Schacht, Untere Denkmalbehörde Güstrow. Auch dafür vielen Dank!

Sabine Hank, Archiv der Stiftung Neue Synagoge Berlin, war (wie immer) schnell und gern dabei, Bildmaterial zum Jüdischen Ferienheim Neuhäuser zur Verfügung zu stellen. Digitalisate von Korrespondenzen zum »Flaggenstreit« auf Rügen schickte (ebenfalls rasch und unkompliziert) Uwe Manz, Vorpommersches Landesarchiv, Greifswald.

Ungewöhnliche Archivalien zum Bäder-Antisemitismus in Zinnowitz auf Usedom überließ uns Ute Spohler, Vorsitzende der Historischen Gesellschaft zu Seebad Zinnowitz auf Usedom e.V., ein weiterer großer Gewinn, für den ich sehr dankbar bin.

Zum Schluss noch ein herzlicher Dank speziell an Steffi Katschke, Leiterin des Max-Samuel-Hauses, für inspirierende Literaturhinweise, Gespräche, Ideen – eine schöne Zusammenarbeit!

Kristine von Soden, im Februar 2023

Zur Autorin

Kristine von Soden, Dr. phil., ist gebürtige Hamburgerin und lebt in ihrer Wahlheimat Schwerin. Als Featureautorin des NDR und DLF sowie als Dozentin an der Hamburger Universität beschäftigte sie sich viele Jahre mit den Biografien jüdischer Wissenschaftlerinnen, Schriftstellerinnen und Künstlerinnen in der Weimarer Republik. Seit ihrer Kindheit dem Meer sehr verbunden, schrieb sie mehrere feuilletonistische Bücher über die Nordsee und die Ostsee, zuletzt: *Ahrenshoop. Balancieren auf der Meerschaumlinie* (2015, 3. Aufl. 2021). Im AvivA Verlag erschien 2016 (2. Aufl. 2020) ihr Buch: *»Und draußen weht ein fremder Wind …« Über die Meere ins Exil.* In Anlehnung an diese Publikation fand im Rahmen der *Tage des Exils* 2023 in Hamburg eine Ausstellung in der Evangelischen GemeindeAkademie Blankenese statt.

Unter dem Titel des vorliegenden Buches kuratierte Kristine von Soden zudem ab Frühjahr 2023 eine Ausstellung im Max-Samuel-Haus Rostock, die anschließend ins Kunstmuseum Ahrenshoop wechselte. 2024 wird sie im Stadt- und Bädermuseum Bad Doberan und 2025 im Heimatmuseum Warnemünde gezeigt.

Von Sommer bis Herbst ist Kristine von Soden in Ahrenshoop mit literarischen Rundgängen unterwegs und betreibt dort auch ihre Schreibwerkstatt. www.vonsoden.de

... die ewige Meeresmelodie

Mehr von Kristine von Soden

Kristine von Soden
»Und draußen weht ein fremder Wind ...«
Über die Meere ins Exil
Geb., 240 S., m. zahlr. Abb.
ISBN: 978-3-932338-85-4

Die Wege jüdischer Emigrantinnen ins Exil, unter ihnen die Schauspielerin Lilli Palmer, die Schriftstellerin Anna Seghers, die Ärztin Hertha Nathorff und die Künstlerin Anna Frank-Klein, zeichnet Kristine von Soden anhand von Tagebucheinträgen, Briefen und Gedichten sowie zahlreichen unveröffentlichten Dokumenten nach.

»Kristine von Soden eröffnet mit ihrem Buch ein Panoptikum des Schreckens, das sich zugleich spannend wie ein Krimi verschlingen lässt. Nur ist dies kein Kriminalroman ...«

(Klaus Hillenbrand, taz)

»Es ist ihr ein eindringliches Stück Literatur gelungen, das heute aktueller denn je scheint.«

(Shelly Kupferberg, Deutschlandradio Kultur)

Weitere Informationen über unser Programm
finden Sie unter www.aviva-verlag.de.

Schreibweise und Zeichensetzung richten sich
jeweils nach den zitierten Quellen.

Layout und Umschlaggestaltung: Britta Jürgs
Umschlagfoto: © Heinz Föppel
Druck: Finidr, s.r.o.
Printed in Europe

Erweiterte Neuausgabe
des gleichnamigen Buches von 2018

2. Auflage

AvivA Britta Jürgs GmbH
Emdener Str. 33, 10551 Berlin
info@aviva-verlag.de
www.aviva-verlag.de

ISBN: 978-3-949302-17-6

d von 0 - 50 m Meereshöhe
" 50-100 " "
" 100-200 " "
d " über 200 " "
Wittow
Arkona
Altenkirchen
Tromper Wiek
Wiek
Stubben-
Königsstuhl
kammer
Lohme
Hiddensee
Vitte
Jasmunder Bodden
Jasmund
Sagard
Sassnitz
Crampas
Ummanz
Gingst
Prorer Wiek
Prerow
Zingst
Darss
Wieck
Clausdf
Grabow
Prohner Wiek
Rugard
Bergen
Binz
RÜGEN
Putbus
Sellin
Barth
Prohn
Göhren
Lauterbach
Saal
STRALSUND
Altefähr
Garz
Mönchgut
Velgast
Gr. Schoritz
Damgarten
Zudar
Greifswalder
Greifswalder Oi
Richtenberg
Palmer Ort
Bodden
Semlow
Reinbg.
Ruden
Franzburg
Koos
Peenemünde
Grimmen
Sülze
Wusterhusen
Zinnowitz
Tribsees
Wieck
GREIFSWALD
Eldena
Wolgast
Achter Wasser
Loitz
Züssow
Gnoien
Peene
Gützkow
Jarmen
Lassan
DEMMIN
Schlatkow
Swin
Usedom
Stolpe
Verchen
Neukalen
ANKLAM
Cummerower See
Leopoldshagen
Dennin
Janow
Stretensee
Teterow
Schwerinsbg.
Ducherow
Malchin
Stavenhagen
Boldekow
Malchiner S.
Treptow
Friedland
Putzarer S.
Dahmen
Zettemin
Ferdinandshof
Galenbecker S.
Jatznick
Waren
Neubrandenbg.
Tollense
Penzlin
Helpter B.
Strasburg
Pasewalk
Stargard
Dambecker S.
Woldegk
Müritz See
NEUSTRELITZ
Fürstenwerder
Röbel
Der Quillow
Feldberg
PRENZLAU
Mirow
Boitzenburg
Ob. Ückers.
Lychen
Gramzow
Fürstenberg
Templin
Havel
VORPOMMERN
MECKLENBG
SCHWERIN
MECKL. STRELITZ
UCKERMARK
von über 20.000 Einw.
DÖRFER " " 10.000 "